UN VILLAGE, DEUX ÉCOLES

Guy Gauthier

UN VILLAGE, DEUX ÉCOLES

Mémoires d'un paléolaïque

Collection dirigée par
Guy Hennebelle et Monique Martineau

Collection Panoramiques
Arléa-Corlet
14110 Condé-sur-Noireau

Du même auteur :

Image

— *Initiation à la sémiologie de l'image* (nouvelle édition). Paris, 1979, Cahiers de l'audiovisuel. Préface de Christian Metz.
— *Vingt + une leçons sur l'image et le sens*. Paris, 1989, Édilig. (Coll. Médiathèque).
— *Villes imaginaires*. Paris, 1977, Cedic (Textes et non-textes).

Cinéma

— *Andrei Tarkovski*, Paris, 1988, Édilig (Filmo n° 19).
— *Les chemins de René Allio*, Paris, 1993, Cerf (7e Art, n° 98).

Médias

— *Télévision passive, télévision active* (avec Philippe Pilard). Paris, 1972, Téma-Éditions.
— *L'actualité, le journal et l'éducation*. Paris, 1974, Téma-Communications.

Animation

— *Vers la vidéo-animation*. Paris, 1975, Les cahiers de l'audiovisuel.
— *Animation et animateurs* (avec Michel Tricot). Paris, 1975, Cahiers de l'Éducation Permanente.
— *Des militants dans l'animation* (avec Claude Sageot). Paris, 1977, CEP.

Laïcité

— *La laïcité en miroir* (interviews). Paris, 1985, Édilig.
— *La laïcité en mémoire* (anthologie — avec Claude Nicolet). Paris, 1987, Édilig.
— *Islam et laïcité* (coordination). *Panoramiques* n° 1 (3e trimestre 1991).
— *Les religions au lycée ?* (coordination). *Panoramiques* n° 2 (4e trimestre 1991).

ISBN : 2-85480-866-5

Avec Marie-Thérèse,
compagne, complice, critique,
pour Catherine et Philippe
qui auront vingt ans au XXIe siècle

Toute ressemblance avec des lieux
ou des personnages existants ou ayant existé
ne pourrait être que pure coïncidence.

Première partie

L'ÉCOLE DERRIÈRE LES SAPINS

Septembre 1950, quelque part en France...

I

Premiers contacts

« Vous êtes les nouveaux instituteurs. »

C'est à peine une question, la chose est évidente : nous sommes les nouveaux instituteurs. Nous venons de mettre le pied sur le quai de la gare qui dessert deux villages, avec un trait d'union entre les deux noms. « Le village », le nôtre, est à 2 km de là, par une route de poussière et de pierraille qui s'amorce vers la gauche à la sortie de la gare.

Les essieux grincent, le train repart. Libéré, le cheminot qui nous a interpellés se dirige vers nous, avec un large sourire. Deux voyageurs — surtout ceux-là — avec qui bavarder entre deux trains, c'est une aubaine. Il savait que nous étions jeunes, trop jeunes pour exercer dans un pays pareil, mais pas jeunes à ce point. Il ne le dit pas, mais à son attitude, il n'est pas difficile de deviner qu'il le pense. Il tient cependant à nous prévenir, par simple solidarité entre fonctionnaires, et même « entre laïques », risque-t-il. En quelques minutes, car il lui faut se préparer au passage de l'express, il nous dit tout, ce que nous savions, ce que nous pressentions, et quelques informations complémentaires de mauvais présage. Il tente de nous rassurer : pour un premier poste, ce n'est pas ce qu'il y a de mieux, mais il nous assure de sa solidarité et même de sa complicité. Il se rapproche de nous pour nous confier comme un secret l'étonnante nouvelle : sa fille fréquente l'école laïque, que tout le monde appelle « l'école des garçons ». Les fonctionnaires sont libres, commente-t-il, ils ne dépendent pas des riches propriétaires, comme les fermiers, les métayers et les ouvriers agricoles, autrement dit, pourrait-il ajouter, comme tout le monde ici. L'école religieuse, que tout le monde appelle, tantôt « l'école des sœurs », tantôt « l'école des filles », exerce un quasi-monopole sur la population féminine. Il n'y a pas d'« école des frères », sinon au chef-lieu de canton. Ce n'est pas loin, mais c'est cher.

La route serpente dans la campagne légèrement vallonnée. En cette fin de septembre, il fait encore chaud. Sur la route, pas un chat. Dans les champs, de-ci de-là, quelques silhouettes autour d'une charrette à l'arrêt. La route blanche amorce une descente, et plonge entre les arbres. Soudain, c'est l'ombre et la fraîcheur, nous approchons du village. Nous passons un pont sur un ruisseau, l'eau glisse entre les herbes avec un léger bruit contre les piles. De l'autre côté, apparaissent les quelques maisons du bourg, comme un paysage de la France profonde, à peine changé depuis le commencement du siècle, tout droit sorti d'une illustration de manuel scolaire.

Il nous faut traverser le village, remonter la rue principale, tourner à droite juste après l'épicerie, passer entre l'église laide et trapue et la salle paroissiale, entrevoir la mairie derrière l'église, retrouver un instant les champs, pour arriver jusqu'à l'école, un peu à l'écart à la sortie du bourg. Reconnaissable au premier coup d'œil, comme la gare : la griffe de la IIIe République, depuis si peu défunte. Au-delà, la route continue, poussière et pierraille.

La traversée du bourg a duré quelques minutes. Le temps d'entrevoir, dans les cours ou derrière les fenêtres, quelques silhouettes discrètes, de cette discrétion insistante qui fait regretter l'anonymat des villes. On sait qui nous sommes, évidemment. On commence à nous évaluer. Nous savons sans rien entendre qu'on nous trouve bien jeunes. En ce temps-là, c'était mal vu. Plus tard, la seule chose qu'on osera me dire pour marquer la désapprobation, c'est : « Vous êtes encore trop jeune. » Aujourd'hui que cette maladie honteuse m'a bien quitté, j'ai peine à le croire.

L'école aligne au fond de sa cour les deux logements à un étage, flanqués symétriquement de deux salles de classe rigoureusement identiques ; latéralement et perpendiculairement à l'édifice principal, deux préaux encadrent la cour de récréation au sol inégal et pierreux. En face, de l'autre côté de la route, une superbe rangée de sapins semble protéger la petite école. Leur fraîcheur nous saisit, et leur parfum subtil nous donne une sensation de haute montagne. Que peuvent bien faire là ces arbres, inhabituels en ces régions ?

L'instituteur et sa femme nous accueillent. Ils occupent le logement côté gauche vu de la rue. L'électricité est le seul luxe, car de nombreuses fermes en dehors du bourg, les « écarts », comme dit l'EDF, ne sont pas encore équipées. Pas d'eau courante, évidemment : il faut se ravitailler à la pompe dans le jardin à l'arrière. Il faut amorcer à chaque usage et manœuvrer le balancier une vingtaine de fois avant que l'eau n'arrive avec d'épouvantables borborygmes. Un bon exercice pour l'hiver. Mais, l'hiver, la pompe est gelée.

Rien de tout cela ne nous étonne. En cette année 1950, un instituteur sortant de l'école normale, seule voie de promotion pour les milieux pauvres, risque fort de ne pas avoir connu autre chose. Les jeunes gens habitués à l'eau froide-eau chaude-chauffage central-téléphone n'entraient pas à l'école normale, leur voie était tracée ailleurs. En nos années d'internat, nous avions tâté de l'eau courante et du chauffage central, mais nous n'en rêvions pas pour nous. Pas encore.

L'instituteur, qui « fait » les deux cours moyens et la classe de fin d'études, celle du certificat d'études redouté des parents, des maîtres et des écoliers, nous fait visiter les lieux. Ma future classe est spacieuse, bien éclairée, décorée comme dans une gravure du début du siècle, avec des tables comme on en trouve aujourd'hui chez les antiquaires pour les résidences secondaires, une armoire pour bibliothèque, laissant entrevoir des livres édités il y a très longtemps et plusieurs fois recollés, des vitrines avec des fossiles recouverts de poussière. Une petite armoire vitrée avec du matériel scientifique, seul achat récent et fierté du secrétaire de mairie qui l'opposera à toutes mes demandes d'achat ultérieures, apporte une note d'insolite modernité. Les cartes de la France et de l'Empire français, les planches anatomiques parmi lesquelles la silhouette rouge d'un écorché assurent la partie colorée du décor. Je remarque quelques gravures désuètes que je me promets d'enlever le jour de la rentrée, seule innovation qui me soit possible dès mon entrée en fonction. En résumé, c'est une classe de la IIIe, du genre de celles qu'on s'est évertué de reconstituer lors du centenaire des lois laïques. A cette époque, nous n'en connaissions pas d'autres.

J'aurai une quinzaine d'élèves, ce qui est une bonne nouvelle, dont une fille, et peut-être trois, car un bruit insensé court le village : une famille protestante va s'installer dans une ferme. Le propriétaire n'est pas ravi, mais le fermier est, paraît-il, un travailleur exceptionnel. Le rendement vaut bien qu'on perde du monde à la messe. Et ce fermier aurait plusieurs filles. On convient qu'un protestant ne pourrait envoyer ses enfants dans une école catholique. L'autre fille, jusque-là unique, est celle d'un artisan électricien, connu pour ses idées « avancées ». Comme il est tout seul de sa spécialité, rare à l'époque, on est bien obligé d'en passer par lui, même ceux qui veillent à la bonne éducation des filles. Qu'un concurrent bien-pensant vienne s'installer dans le village, et la clientèle désertera. L'hypothèse n'est pas d'école : à une vingtaine de kilomètres de là, je connais un artisan irréductible qui a choisi l'exil plutôt que de se soumettre ; un autre, plus discret dans l'expression de ses idées, et moins ferme quant à leur application, m'a confié plus tard qu'il était bien content de n'avoir que des garçons.

Je sens comme une réserve chez mon prédécesseur. Il dit regretter le village, et je découvrirai que le village le regrette. On me le citera en modèle, ce qui me fournira ma première règle de conduite : faire le contraire de ce qu'il était censé faire. Il a demandé, et obtenu, un poste au chef-lieu du département. Classique. A partir d'un certain âge, un instituteur bien noté peut obtenir un poste en ville, ce que la plupart ne manquent pas de demander, avec d'excellentes raisons : plus de confort, plus de loisirs, plus de facilités pour les études des enfants. C'est l'exode qui commence, mais on ne le sait pas encore ; encore quelques années, et les paysans prendront le même chemin.

Il reste dans les environs quelques-uns de ces maîtres, à la veille de la retraite, qui ont fait toute leur carrière dans le village. Une carrière qui s'achève en 1950 a commencé en 1918 pour des jeunes gens tout juste de retour de la guerre. Une autre époque, une autre mentalité. Ce village oublié de l'histoire, cette génération de maîtres d'école aguerris, à tous les sens du terme, militants laïques indomptables, c'est le legs d'une époque que je croyais révolue. Un monde qui meurt. Il n'en présente pas le moindre signe.

Mon prédécesseur est de la génération intermédiaire. Ses regrets n'expliquent pas complètement son attitude. On dirait qu'il tâte le terrain. Visiblement, il me croit de ces jeunes sortis de l'école normale avec une fébrilité missionnaire, militants laïques brûlant de la flamme anticléricale, pire encore anarchistes, ou, extrémité désastreuse, communistes. Peu à peu, il se livre. Ici, dit-il en substance, on vit en paix, pas la peine de tout casser, il faut se méfier des excités, autochtones autodidactes, ou fonctionnaires de passage. Je lui dis que, justement, j'en ai rencontré un, à la gare. Il marque une légère hésitation. Ainsi, continue-t-il, l'école libre ne fait pas problème. Chacun chez soi. De plus en plus embarrassé, il me confie qu'il ne refuse pas les rares occasions de rencontre. Le 11 novembre, fête unitaire s'il en est, tout le monde se rend au monument aux morts. Je soupire : je le sais assez. Plutôt que d'y aller chacun de sa Marseillaise, garçons et filles chantent ensemble. Je sais ce qu'il en est de la Marseillaise chantée en chœur dans notre vieux pays : une cacophonie. Alors, une de plus ou de moins. Mais justement, pour éviter la cacophonie, on répète ensemble. Je deviens franchement inquiet : non seulement je n'ai pas très envie de collaborer avec « les sœurs » — chacun chez soi, c'est très bien —, mais je n'ai aucune disposition pour le chant, éducation sacrifiée dans tout le cours de ma scolarité. Mon prédécesseur, au contraire, est un excellent musicien, et un bon directeur de chorale. Les collègues du canton me le confirmeront.

Je me défile derrière mon incompétence. Heureusement, « les sœurs » ne sont pas plus compétentes. Donc, pas de répétition commune. Ma femme se dit tout aussi incapable de diriger une chorale, ce qui est moins sûr, mais personne ne le sait. J'apprends en même temps que, outre la Marseillaise, on préparait en commun un de ces chœurs qui ne servent plus que devant les monuments aux morts.

Déçu, mon prédécesseur continue la visite guidée. Il excuse sa collègue chargée de la petite classe, elle aussi nommée en ville, absente aujourd'hui. Ce sera le territoire de ma femme, une salle de classe identique à la mienne, au mobilier près, avec les mêmes effectifs, dont deux filles : la plus jeune du même artisan « extrémiste », et une fille de cheminot. Nous connaissons déjà le père.

Au lieu du poêle énorme qui trône au centre de ma classe, une cuisinière de fonte noire, haute sur pieds, avec de vagues allures de gros cafard. Bizarre. C'est que la classe sert aussi de cantine. Les enfants apportent leur « panier », selon la formule consacrée, et l'institutrice, pendant la matinée, tout en faisant sa classe, prépare une soupe aux légumes. L'apprentissage de la lecture avec l'odeur du poireau, c'est son plus ancien souvenir pédagogique.

Après les classes, l'appartement, ou plutôt, les appartements, puisque nous avons le choix. Chambre côté jardin, cuisine côté cour, vaste corridor cimenté, entre classe et cuisine. Comme ils sont identiques, spacieux mais sans confort, nous n'avons pas de préférence. Celui de l'instituteur sera libre le plus tôt, va pour celui-là. De toute façon, comme nous n'avons rien, nous n'occuperons que le rez-de-chaussée.

La visite est terminée. Nous entendons encore

quelques recommandations sur des cas difficiles, des élèves à ménager pour raison de santé, ou à talonner pour raison de paresse. La routine.

La femme de l'instituteur prend le relais pour les informations pratiques. La gare à 2 km. Ça, nous savons. La poste à 4 km. Une épicerie, que nous avons entrevue au passage, avec le minimum, mais vraiment le minimum. Un bureau de tabac, avec un téléphone, et un bistrot, évidemment. Le boulanger et le boucher passent deux fois par semaine, le charcutier, une fois, les uns et les autres à des heures variables. Pas d'autocar ; d'ailleurs, aucune route goudronnée ne dessert le village. Peu de voitures, celles des quelques gros propriétaires, et quelques camionnettes brinquebalantes d'artisans. Achat de première urgence : deux vélos. Il est recommandé de les acheter au village, car il y a sur place une sorte de quincaillier. Il y a aussi un maréchal-ferrant. Pour le reste, acheter au village tout ce qui se vend au village. Facile : quelques boîtes de conserves et paquets de pâtes, et quelques articles d'équipement élémentaire. Le reste, au chef-lieu de canton ; le principal, au chef-lieu de département, du moins ce qu'on y trouve.

Au moment de partir, j'admire l'alignement de sapins face à l'école. Je m'étonne. L'instituteur a un petit rire, et il m'explique : là-bas, cachée par les sapins, il y a la demeure d'une riche propriétaire. Dans les années 30, quand l'école s'est construite, la dame n'a pas voulu avoir chaque jour sous les yeux l'école laïque, l'école du diable, alors, elle a fait planter ces arbres, déjà grands et venus de loin pour fort cher. Que Dieu la bénisse !

Il nous reste une personnalité à rencontrer : le maire, le plus gros propriétaire de la commune, seigneur rural de type classique, féru d'agriculture moderne et de pédagogie désuète. Il tient une permanence en fin d'après-midi. Je me dois d'aller le saluer, et de convenir avec lui des quelques menues formalités d'installation, inventaire et signature de registres. Avant de quitter l'école normale, on nous a tellement répété tout ça... C'est, me précise mon prédécesseur, un homme courtois, mais, dit-il encore d'un air détaché, mieux vaut ne pas parler de politique avec lui. Pour qui nous prend-il ? A l'école normale, on nous répétait sans cesse : surtout, pas de discussions politiques. Pour compenser, entre nous, on ne s'en privait pas.

Le maire n'est pas là, c'est le secrétaire de mairie qui nous reçoit. Il est là, nous dit-il, depuis trente et *une* ans. J'admire. Trente et un ans, c'est un beau record. Oui, trente et *une* ans, persiste-t-il, tenant manifestement au féminin. Bon. C'est l'âme damnée du maire, d'une servilité, apprendrai-je plus tard, qui va jusqu'à agacer son maître. Visiblement, il a pour mission de tâter le terrain. Visiblement, cette tâche d'exploration dépasse ses capacités diplomatiques. Les maires de ce temps-là, et leurs administrés, aimaient bien les couples. Ils avaient des chances de rester plus longtemps. En plus, un jeune instituteur célibataire est un danger pour la vertu des filles qui, toutes anciennes élèves des sœurs qu'elles soient, ne sont pas insensibles au prestige de la situation, car la situation, en ce temps-là, a encore du prestige. Pas pour longtemps.

En revanche, un couple, surtout un jeune couple, présente quelques inconvénients que le secrétaire de mairie n'a pas l'habileté de dissimuler. Première inquiétude : est-ce que j'ai fait mon service militaire ? Hélas, non. Est-ce que je dois faire mon service militaire ? Hélas, oui. Quand ? Je n'en sais rien. Pour l'instant, je suis sursitaire, par un petit artifice universitaire qui peut durer cinq ans. Deuxième inquiétude, plus difficile à exprimer, mais on comprend, tout en faisant semblant, le plus longtemps possible, de ne pas comprendre, mais pas du tout, où il veut en venir : un congé de maternité en cours d'année scolaire, c'est bien embêtant. Je n'ose pas lui demander s'il conseille plutôt les vacances. Nous restons dans le vague.

Le maire sera là la semaine prochaine ; si nous pouvons lui fixer un jour, nous serons assurés de le voir. Nous fixons et nous reprenons le chemin de la gare. Il fait moins chaud, le village est paisible, comme si la vie s'était arrêtée. Les ombres s'allongent. C'est un de ces moments privilégiés que choisissent toujours ceux qui célèbrent la campagne pour communiquer leur enthousiasme, qui se dilue à la première pluie.

J'écris ceci quarante ans après, plus avec le souci de mesurer la distance qu'avec celui de témoigner d'un passé révolu. Ce premier contact nous a replongés dans l'avant-guerre, une époque aussi lointaine pour nous que les débuts de la IIIe République. Mais nous portions aussi ce monde en nous. C'était comme si, soudain, nous retrouvions la mémoire. Personne ne nous en avait parlé, en tout cas autrement que par allusions, même pas à l'école normale, contrairement à la légende. Originaire d'une bourgade plus liée à son environnement rural que la mienne, ma femme n'avait pas de peine à revivre son enfance. Sa famille avait eu à souffrir de ce climat tendu qui dressait les uns contre les autres les partisans de l'école publique et ceux de l'école privée, selon des clivages d'un autre temps. Moi non. La guerre mondiale était passée comme une tornade, avec l'occupation allemande, la Libération, le retour des prisonniers, celui des déportés, Hiroshima. Ensuite, la guerre froide, le début indochinois des guerres coloniales, les premiers signes d'une nouvelle civilisation, au moins matérielle. Et soudain, pour commencer notre vie, ce retour vers un passé lointain, où rien ne semble compter pour affronter les tâches d'une éducation nouvelle qu'une stratégie de guerre de positions, des positions établies une quarantaine d'années plus tôt.

Ce qui est encore plus étrange, c'est que ce monde perdu, pareil à celui des romans d'aventures, nous soit, malgré tout, familier. Baptisé sans mon consentement, selon la routine de l'époque, je me sentais libéré de toutes obligations religieuses, et vaguement agressif d'avoir été pris par surprise. Ma famille était indifférente en matière religieuse, mais certains membres étaient franchement anticléricaux. Le curé de mon village natal, depuis la nuit des temps, jouissait du respect général, et n'abusait pas du fait qu'il avait baptisé et marié tout le monde. L'ennui des leçons de catéchisme était compensé par les multiples farces qu'il nous était loisible de faire aux quatre coins de l'église, certaines je pense aux franges de l'excommunication. Mais j'avais réglé mes comptes une fois pour toutes, en me mariant civilement et l'Église n'était plus pour moi qu'une entité lointaine. Et voici qu'à l'aube de temps nouveaux (à vingt ans, les temps sont toujours nouveaux), je me retrouvais dans une réserve, à l'écart de l'histoire, avec une école confessionnelle qui resterait un profond mystère, car personne n'y entrait que les élèves. Pour compléter l'inventaire, il fallait ajouter les parents, le curé, des notables franchement hostiles, une population sous influence, et quelques alliés dont je me demandais déjà, en me souvenant de Voltaire, s'ils ne seraient pas les plus encombrants.

*

* *

Un ami qui lit par-dessus mon épaule me reproche de mêler réflexions et anecdotes, et de raconter mes petites histoires sur fond brumeux de grande histoire. Il ajoute que tout cela lui semble exhumé d'un passé tellement lointain que j'aurais peine à faire croire que j'ai vécu dans ce siècle. « Sans compter, ajoute-t-il, que je sens derrière ces souvenirs anodins plus qu'un soupçon d'anticléricalisme à l'ancienne. » En bref, il m'accuse d'être ringard. Admettons.

Ces souvenirs, pour moi si proches, ont sans doute pour les autres, et surtout les plus jeunes le parfum des choses surannées. Mais je suis incapable d'oublier ce que j'ai vécu, et encore plus de le garder pour moi.

Suis-je anticlérical ? Bien sûr, à condition de rappeler ce qu'est le cléricalisme : le pouvoir, occulte ou déclaré, du clergé dans la vie publique, hors du domaine de la religion. Que ce clergé soit musulman chiite ou catholique romain de change rien à la chose. Quant à intervenir contre l'exercice public d'une religion, donc attenter à une liberté fondamentale, l'idée ne pouvait m'effleurer sans remettre en cause l'héritage diffus de tout un passé républicain, à la fois bien intériorisé et mal connu.

Il est vrai que les instituteurs de ma génération et de la génération précédente, du moins ceux que j'ai connus, n'étaient pas particulièrement attachés à l'Église catholique romaine. J'y reviendrai. L'Église ne continuait pas moins d'exercer sur eux une attraction, souvent par le biais familial, qui se manifestait surtout par une fidélité aux sacrements traditionnels. Le libre-penseur se distinguait par un refus de principe aux cérémonies religieuses, ce qui était une manière de mettre sa vie en accord avec ses convictions. Si on ne croit pas, à quoi bon faire semblant ? Question d'honnêteté intellectuelle. La frontière cependant était incertaine pour la plupart, et la culture chrétienne marquait profondément la vie quotidienne, même si la croyance était de plus en plus floue. Plaisanteries et chansons anticléricales étaient de mise dans les réunions conviviales, mais ce que j'ai entendu depuis en matière de plaisanteries en divers milieux ecclésiastiques m'a convaincu qu'un milieu est toujours plus audacieux et connaisseur de lui-même que ceux qui l'observent de l'extérieur.

Le seul problème en suspens, si l'on met de côté les gamineries, était bien celui du partage du pouvoir, non pas le pouvoir qui s'exerce dans la cité par le biais des élus, mais celui qui s'exerce dans les têtes. Dans la cité, la République l'avait emporté ; dans les têtes, l'Église, ou plutôt ses éléments les plus rétrogrades, continuaient le combat. Dans la France rurale, l'école était bien l'enjeu suprême, et les instituteurs, qu'ils le veuillent ou non, étaient affectés au poste le plus sensible.

La France a changé, mais elle garde encore au fond d'elle-même de surprenantes habitudes qui remontent loin, au-delà même du début de ce siècle. L'Église a changé, mais il lui prend parfois comme des démangeaisons de retrouver son ancien prestige. La France rurale a disparu comme mode de vie et comme culture spécifiques. La laïcité, gardienne du partage entre le civil et le religieux, a refait surface dans une quasi-amnésie de son passé.

Voici donc le rappel, par l'évocation de deux villages ordinaires dans les années 50, de ce qu'était cet autre monde dont nous portons en nous l'empreinte, même quand nous clamons notre impatience d'entrer dans le troisième millénaire. Notre monde, nous dit-on, va maintenant de Vancouver à Vladivostock. Il n'empêche : nous avons encore un village dans la tête. Si cette affirmation est erronée, elle reste un témoignage sur une époque disparue, que je lègue à mes petits-enfants.

II

Premières rencontres

La semaine suivante, au jour dit, nous voici de retour. Avec des bicyclettes d'emprunt, pour mieux voir le pays alentour, profiter du beau temps, et éventuellement rendre quelques visites hors du bourg, voire dans les écoles des villages du canton. Le maire nous reçoit, effectivement courtois, lointain, bottes et cravate, genre gentleman-farmer, comparaison qui l'aurait ravi, car son modèle, au moins en matière d'agriculture, était américain, et tout ce qui était à consonances anglo-saxonnes séduisait ce catholique rigoriste. Lui aussi avait ses contradictions.

Il commença par le discours de routine : un village tranquille, loin des querelles politiques (un temps d'arrêt), querelles tellement vaines et inutiles (un autre temps d'arrêt), plus qu'inutiles, nuisibles à la bonne entente (long silence). Des gens calmes, peu bavards, mais toujours prêts à rendre service. Peut-être ne trouverions-nous pas ici le confort de la ville, mais il savait que nous n'étions pas des citadins (il savait beaucoup de choses sur nous). Le progrès allait bientôt transformer le village, les machines agricoles et les nouvelles méthodes de culture, la généralisation des engrais, autorisaient les plus grands espoirs. Bientôt, on ne reconnaîtrait plus le village. Quarante ans après, on le reconnaît maison par maison, mais il n'y a presque plus personne : il ne pouvait pas savoir, nous non plus.

Les classes de l'école de garçons (il appuya sur « garçons », mais juste ce qu'il fallait) n'étaient pas trop chargées, et nous disposions du matériel le plus récent, le fameux « compendium » scientifique. Il regrettait que nous ne puissions continuer l'excellent travail choral de notre prédécesseur, mais il comprenait que tout le monde ne soit pas doué pour le chant. D'ailleurs, lui-même... Tout le monde allait regretter cet instituteur hors-pair, mais les études des enfants étaient l'impératif suprême. Il ne doutait pas que nous allions acquérir la même expérience, etc., etc. Autrement dit : attendez de grandir.

Finalement, il nous demanda si nous n'avions aucune demande à formuler. « Il faut en profiter quand on arrive », parvint-il à sourire. Ma femme parla de ce curieux système de cantine. Est-ce qu'on ne pouvait pas imaginer une autre solution ? Encore plus courtois (les dames), il répondit que, hélas, non, que ces petits paysans qui faisaient jusqu'à six kilomètres à pied chaque matin, avaient bien droit à quelque chose de chaud, que la commune était pauvre, que cette odeur de soupe n'était pas si désagréable, qu'elle dissipait, les jours de pluie, l'odeur des vêtements qui sèchent...

Avant de rompre l'entretien, il nous demanda, comme si une idée subite lui venait, si nous avions rencontré le curé. Je lui répondis que je n'en avais pas eu l'occasion, que, de toute façon, lui et nous avions peu d'activités communes, mais que le bourg était petit, que le hasard nous mettrait bien face à face. Il me dit qu'effectivement, il n'y avait aucune raison, qu'il parlait comme ça. Je sus plus tard qu'il ne parlait pas comme ça : le curé n'avait pas bonne réputation malgré sa robe, et le maire aimait autant que nous n'ayons pas l'occasion de nous rendre compte par nous-mêmes des limites de sa conversation.

Mais nous n'allions pas tarder à faire connaissance.

A peine sorti de la mairie, longeant par conséquent l'église, nous entendîmes derrière nous un frou-frou. C'était le curé qui nous rejoignait en courant. Impossible de faire les ignorants. « Monsieur l'instituteur ? — Et Madame, dis-je, achevant les présentations. Monsieur le curé, je présume ? » Je venais de lire, on l'a deviné, le récit de la rencontre de Stanley et de Levingstone. Je regrettai le mot : il allait croire que je me moquais de lui. Au contraire, il fut ravi : « Je viens d'un village où votre collègue refusait de m'appeler "Monsieur le curé". — Puisque vous m'avez désigné par ma profession, j'en fais autant. D'habitude, je dis "Monsieur" à tout le monde. »

Le curé était jeune : quelques années de plus que nous. Il m'apparut un peu bizarre, comme ces gens qui, au début de l'après-midi, ont, selon une expression amusante « un petit coup dans le nez ». Pour ses paroissiens, qui en rigolaient ouvertement, ce point ne faisait aucun doute : c'est une des premières choses qu'on me confia, entre autres médisances. Je n'ai jamais su si le malheureux ne savait résister à la traîtrise du vin de ses paroissiens, dont je reparlerai, ou s'il avait naturellement cet air un peu égaré. Mais pourquoi courir ainsi ?

« C'est dommage que vous ne chantiez pas, me dit-il, c'était un beau moment que ces garçons et ces filles des deux écoles chantant ensemble. »

Est-ce que cette histoire allait désormais me coller à la peau ? A cette heure, le village tout entier devait savoir que le nouveau maître ne savait pas chanter. J'eus vraiment envie de faire un petit scandale. Imaginez : l'instituteur et le curé en dispute sur la place publique, entre l'église et la mairie. Quelle entrée en scène !

Je me dominai. Normalien sortant, je n'étais pas titulaire du poste, et pas même entré en fonction. Avec un maire visiblement aussi influent, qui sait où j'allais me retrouver ? Ce village n'était pas l'idéal, mais c'était un poste double, à une demi-heure de train du chef-lieu de département, avec un logement. Comme trou, il y avait pire. Je prendrai ma revanche plus tard : une fois titulaire, un fonctionnaire est pratiquement inexpugnable.

« Je chante à peu près, Monsieur le curé, mais je n'ai aucune disposition pour la direction de chorale. J'espère que vous saisissez la différence.

— Bien sûr, Monsieur l'instituteur. Je voulais d'ailleurs vous parler d'autre chose.

— Je vous écoute

— Quand pensez-vous pouvoir me préciser les dates où vous comptez retenir la salle paroissiale ? Bien entendu, rien ne presse, mais la sœur a déjà formulé quelques vœux *(sic)*. »

Je tombais des nues. Qu'avais-je à faire de la salle paroissiale, où il était, si j'ose dire, maître après Dieu ?

Je le lui dis.

« Pas tout à fait, me répondit-il. Votre prédécesseur ne vous a pas mis au courant ? »

Il ne m'avait pas mis au courant, pensant que j'en avais assez entendu comme ça. J'imaginai aussitôt quelque chose comme une fête commune des écoles.

Première partie : l'école des garçons présente... Deuxième partie : l'école des filles présente...

« La salle paroissiale, continuait le prêtre, a été construite avec participation de la mairie, à condition que l'école des garçons, les anciens combattants et l'équipe de football puissent l'utiliser pour leurs manifestations. Je dois donc gérer le calendrier. »

J'appris plus tard qu'elle avait été construite sur fonds communaux. Qu'une commune de quatre cent quatre-vingts habitants ne puisse se payer le luxe de plusieurs salles, qu'elle exige que tout le monde utilise la même, cela me paraissait raisonnable. Que cette salle fût « paroissiale » et non « municipale », gérée par le curé et non par la mairie dépassait mon entendement. Je fis donc une vague promesse, me promettant de réfléchir, et de demander conseil autour de moi.

« Vois-tu, fils, me dit le vieil instituteur d'un village voisin dont j'avais entendu vanter la sagesse et l'expérience, tu es tombé dans le village le plus arriéré à 20 km à la ronde. Nous l'appelons la ''Vendée du canton''. Tu as tout de même de la chance : ils ne sont pas agressifs. Ils ne te refuseront pas de lait dans les fermes, comme cela m'est arrivé en 1923, ils ne te refuseront pas de téléphoner la nuit si ta femme est malade, comme cela est arrivé à un collègue en 1932. Ce sont de braves gens, mais complètement sous la coupe du maire, et de deux autres gros propriétaires, heureusement plus souvent à Paris que dans leurs terres. Tu connais l'histoire des sapins ? Bon. C'est assez caractéristique de leur mentalité. Ils nous détestent. Tu as peu de chances — je veux dire peu de risques — de les rencontrer. N'essaie pas. Le maire est le plus communicatif, parce que, au fond, c'est un politique, conseiller général du canton, et avec d'autres ambitions. Il t'écoutera, si tu rentres les griffes. Il déteste qu'on lui fasse de l'ombre, et il sait bien que les paysans nous respectent. Il n'est pas mécontent d'avoir un curé pas très fûté, peut-être même qu'il a fait le nécessaire, car il est influent à l'Évêché. Encore pire avec le secrétaire de mairie, qui est son vrai larbin. Il a réussi à neutraliser ton prédécesseur, qui n'aimait pas les histoires. Il essaiera de faire de même avec toi. Je pars à la retraite l'année prochaine, et je reste ici, où j'enseigne depuis trente ans. Dans ton village, je ne resterais pas. Pourtant, ce n'est qu'à 4 km. Viens me voir quand tu veux. »

Il me restait une visite à faire. J'avais découvert que le fameux artisan irréductible était le père d'un de mes camarades de collège. Autre lien, il avait bien connu le père de ma femme sur les chantiers où ils exerçaient le même métier. Il nous avait fait savoir, car les communications étaient rapides à cette époque et en ce lieu où le téléphone était aussi rare dans les campagnes que l'eau courante, qu'il aimerait nous voir à notre prochain passage.

Enfin un accueil chaleureux. Nous avons d'abord évoqué les absents qui établissent le lien : son fils aîné, qui poursuit ses études à Paris ; le père de ma femme, mort il y a quelques années d'avoir sillonné les routes du département par tous les temps.

Nous racontons nos premières rencontres. On écoute d'un air entendu, avec le sourire de connivence. Ensuite, tout le village est passé en revue. Il y a les alliés, qui se comptent sur les doigts d'une main. Il y a les gens sympathiques, qui préfèrent ne rien dire, et souhaitent par-dessus tout n'avoir pas à se déclarer. Or, le seul moyen de se déclarer sans pouvoir se défiler, ici, c'est par les filles. Le vote est évidemment secret, la présence à l'église n'est pas vraiment obligatoire, car il suffit d'y déléguer les femmes, et de les attendre au café : cette pratique, apparemment, est considérée comme parfaitement chrétienne. De toute façon, tout le monde va à la messe pour les Rameaux, le Jour des morts, et assiste aux enterrements. Tous les enfants sont baptisés, tous font leur première communion, tout le monde se marie à l'église. Pour être dispensé de ces obligations minimales, il faut au moins être fonctionnaire (on murmure que la République fait pression sur ses serviteurs), protestant (seule religion admise) ou « mécréant » historique (je constaterai plus tard que chaque commune aime bien avoir un — un seul — anticlérical bon teint. Même celui-là faisait défaut ici). Il y a les adversaires de l'école laïque, qu'on n'appelle jamais comme ça. Ceux-là sont les plus nombreux. Il y a enfin les « faux-jetons », les pires. Le seul moyen de braver l'opinion publique, c'est donc d'envoyer sa fille à l'école publique, avec ce défi supplémentaire qu'est la mixité, car les écoles publiques, en ces années, ne sont pas encore mixtes, sauf raisons d'effectifs. Là, on ne triche pas. Si on dépend de l'un des trois gros propriétaires, on perd sa place, sous un autre prétexte, évidemment. Personne n'ayant essayé, il est impossible de savoir si cette crainte est fondée. Mieux vaut un garçon, qui aidera aux travaux de la ferme, ne donnera pas de soucis aux parents les soirs de bal, et n'obligera pas à déclarer si, au fond de soi-même, on préfère l'école publique. Beaucoup s'excusent en disant que, pour les filles, ça n'a pas vraiment d'importance.

Est-ce cela la guerre scolaire ? Jamais nous n'en avions entendu parler en ces termes. Pour nous, c'était une comptabilité un peu abstraite : tant d'élèves d'un côté, tant de l'autre. Voilà que la petite école à l'extrémité du village, derrière le rideau de sapins qui protège sa nature diabolique, devient le lieu par lequel on déclare sa foi républicaine ou son allégeance aux derniers seigneurs. A moins d'avoir la chance de ne pas avoir de filles, pour préserver sa neutralité. Les filles, une malédiction.

III

Premiers jours

Nous emménageons au jour convenu, quelques jours avant la rentrée. Le temps de voir venir. Dans le bourg on nous salue. Respectueusement. Trop. A vingt ans, voir ces lourds paysans enlever leur casquette, cela crée un malaise. Surtout que je n'avais rien à enlever. Certains avancent quelques mots de bienvenue. Il ne faut pas s'y tromper : ils observent les jeunes maîtres, comme ils disent... devant nous. Ils nous invitent, mais c'est façon de parler. Ne pas se précipiter. Ils aiment la familiarité, mais encore plus la réserve. Difficile à concilier. Attendre l'occasion, ne pas la provoquer comme un Parisien en vacances et en mal de folklore : nous avons bien écouté les conseils du vieil instituteur qui entame sa dernière année avant la retraite.

L'occasion, c'est tout naturellement l'achat du lait à la ferme la plus proche. Juste derrière le rideau de sapins. Après la traite, on nous remplira notre pot à lait que nous viendrons chercher le plus tôt possible, pour le faire bouillir immédiatement. Ne pas attendre, sinon le lait « tourne » dès qu'il fait un peu chaud, et même quand il fait moins chaud. Le souvenir de nos années « lait à la ferme » a depuis tempéré notre entrain pour les produits naturels.

La ferme est, comme toutes celles du village, d'un autre âge. La cour, un cloaque par temps de pluie, est, en ces derniers jours d'été, un espace dévolu aux poules, canards, oies, dont un chien fou, de temps en temps, bouleverse les paisibles activités dans une course incohérente. Les canards se réfugient dans la mare dont les eaux mordorées clapotent à quelques pas du seuil de la demeure.

La pièce principale est immense et sombre. Un tableau de Le Nain. La cheminée monumentale est entretenue de braises au-dessus desquelles mijote, dans un chaudron noir, un éternel ragoût. La table interminable, insuffisante les jours de battage, s'allonge au milieu de la salle. Autour, des armoires de merisier qui luisent faiblement dans la lumière rare, et un vaisselier, avec en évidence la vaisselle des grands jours. Au fond, dans le coin le plus sombre, un rideau derrière lequel le lit, surmonté d'un édredon de plumes, se devine pour qui connaît l'agencement quasi immuable de ces salles communes. Les poutres apparentes, taillées à coups de hache, sont noires de fumée.

Dans le recoin éclairé de la fenêtre, la maîtresse des lieux ravaude une chaussette. Elle nous regarde par-dessus ses lunettes, avec l'air investigateur d'un policier des frontières. L'affaire du lait est vite réglée. Autre chose l'intéresse.

Elle nous demande de quel village nous sommes. Heureusement de villages assez lointains, environ 30 km, dans des directions différentes : elle n'y connaît personne. Rien de plus redoutable que les connaissances communes, elles ressurgiront comme une accusation lors des moments difficiles. Avec un art parfait de l'interrogatoire, elle nous conduit à avouer l'origine de nos parents. Nous ne sommes pas d'origine paysanne, elle l'avait deviné. Mon père est ouvrier, fils d'ouvrier, de ces ouvriers des campagnes qui travaillent pour un petit patron. Il y a, entre les paysans et ces ouvriers-là — ils n'en connaissent pas d'autres — une vieille méfiance. Les ouvriers ont leurs traditions, ils ont roulé leur bosse, certains sont des Compagnons du Tour de France, ils ont une réputation d'anarchistes. Bien entendu, personne dans les campagnes d'alors n'a vu un seul véritable anarchiste. Pendant la guerre, terminée depuis seulement cinq ans, certains paysans ont vendu très cher leurs produits à des gens venus de loin. Cela s'appelle le marché noir. Les ouvriers et artisans, s'ils n'avaient pas en stock quelques matériaux introuvables, en étaient réduits à leur jardin. Le climat ne s'est pas trouvé amélioré après la guerre.

Instituteur laïque, fils présumé d'anarchiste, je sens que mon crédit est déjà entamé auprès de cette femme encore jeune, mais déjà usée, assidue à la messe et toute dévouée à son lointain propriétaire.

Je le sens d'autant plus qu'elle se met à faire l'éloge de mon prédécesseur, signe qui ne trompe pas. Un bon maître, celui-là, toujours prêt à rendre service. Et quelle voix ! Comme il savait faire chanter les enfants.

Je sentais le coup venir. Je renchéris, disant que c'était un artiste exceptionnel, dont la réputation rayonnait bien au-delà de ce village. Quel dommage qu'il y en ait si peu de cette valeur. Soupir à l'unisson.

Machinalement, en partant, je jette un coup d'œil sur ce décor de ferme à la fois étranger et familier. Dans la maison de mon enfance, plutôt moins riche, tout était différent, comme si c'était d'une autre culture.

Ce que je ne pressens pas, c'est que ce décor, en moins de cinq ans, va disparaître. La cuisinière toute neuve qui trône à côté de la cheminée n'est qu'un signe avant-coureur du bouleversement qui s'annonce. Du linoleum va revêtir le dallage disjoint, sans en masquer les creux et bosses, les poutres apparentes disparaîtront sous un revêtement de contre-plaqué, la cheminée sera murée. Les vieux meubles seront remisés au grenier et remplacés par du Lévitan modèle courant. La vieille pendule, reléguée dans un coin de la grange, cessera de marquer le temps immémorial.

Ce que je pressens encore moins, c'est que la plupart de ces fermes, avec la retraite de cette génération de paysans, vont être désertées pour devenir des résidences secondaires. Les poutres redeviendront apparentes, la cheminée, soutenue par le chauffage central, reprendra en simulacre son ancienne fonction. Les meubles, achetés fort cher chez quelque antiquaire perspicace, retrouveront leur place. Et la mare devant la maison deviendra une piscine. Les nouveaux habitants auront la naïveté de penser qu'ils ont restauré le mode de vie traditionnel.

Le plus invraisemblable, que je ne pouvais évidemment prévoir, c'est que mon école du diable, destin à vrai dire exceptionnel, deviendra elle-même une ferme, quand elle n'aura plus d'enfants à accueillir.

Comme je quitte la cour de la ferme, un jeune homme rentre du travail des champs. D'un coup d'œil, comme tout le monde, il sait à qui il a affaire. Il est, me dit-il, un ancien élève de mon prédécesseur. Je m'attends à ce qu'il parle des inoubliables chœurs du 11 novembre. Non. Lui a d'autres préoccupations. Est-ce qu'on m'a passé les consignes pour l'équipe de football ?

Je subodore un autre legs, une de ces charges que les instituteurs se repassent à chaque mutation, parce qu'on leur prête la capacité de tenir des registres, et surtout parce qu'on sait qu'ils ne peuvent pas refuser. J'avais vu juste : il y a dans le village une équipe, ou plutôt une demi-équipe, parce qu'il n'est pas possible de recruter assez de joueurs pour en faire une entière. D'où une association avec un village voisin, et une équipe qui porte le nom d'Entente. L'instituteur est d'office le secrétaire de cette Entente, il met au point les rencontres et les déplacements, et entretient les rapports avec l'échelon supérieur. J'étais, en matière de sport, aussi peu doué qu'en chant. Mon crédit va encore baisser. Mais mon jeune interlocuteur me rassure : il n'est question que de paperasses. Que j'en parle au maître (le maître, c'est encore l'autre).

« L'Entente ! Parlons-en, sourit "le maître", passé pour une mise au point des dernières consignes. Ils ne peuvent pas se sentir, je croyais même que l'affaire ne repartirait pas pour la saison. Il y a toujours la moitié de l'équipe qui déclare forfait, sans compter qu'ils n'arrivent même pas à être onze. Le stade est inutilisable par temps de pluie, et guère plus en temps normal. »

Ce que je découvrirai par la suite, c'est que le maître d'école est taillable et corvéable à merci dès qu'il y a risques d'écritures, ou un cahier à tenir. Je le savais, comme on sait des choses abstraites et lointaines, mais je ne mesurais pas tous les risques de cette situation, au demeurant sympathique, d'écrivain public. J'aurai à décalquer le cadastre, à écrire des lettres administratives et commerciales, mais jamais privées. J'échapperai de justesse à la tenue des comptes de points au concours de belote. La récompense de rigueur pour les services privés, c'est le boudin au moment solennel où l'on tue le cochon. Je n'ai de ma vie jamais tant mangé de boudin que lors de mes dix ans d'exercice en campagne.

J'entends bien : cette délégation me vient de mes lointains prédécesseurs, et du rôle qui était le leur dans les villages aux débuts de l'école laïque.

« Lointains ? Tu veux rire, me dit le vieux collègue qui est en définitive ma meilleure source de renseignement. Ce que je fais aujourd'hui, je le faisais il y a trente ans. Et mon prédécesseur encore trente ans avant (je fais un rapide calcul : cela nous conduit en 1890). L'école, ce n'est pas seulement l'école, c'est l'instituteur. Sans maîtres d'école, pas de République. »

Je n'avais pas pensé à ça. J'ose lui dire. Il soupire :

« Oui, je sais, vous les jeunes, vous croyez que tout a changé. Surtout depuis la guerre. Mais il y aura toujours des paysans — il faudra bien nourrir les gens —, toujours des campagnes, toujours des villages, et donc toujours des maîtres d'école. Ce qui changera peut-être, c'est qu'il n'y aura plus de curés, les gens seront plus instruits, et l'instituteur pourra se contenter de faire sa classe. En attendant, nous sommes mobilisés vingt-quatre heures sur vingt-quatre. Et estime-toi heureux de ne pas avoir hérité du secrétariat de mairie, comme moi. »

Visiblement, il trouve que je manque de flamme. Il sait que je ne suis pas le seul, car il connaît tous les collègues aux alentours, mais il veut, comme il dit, garder le moral. Je ne suis pas sûr qu'il n'ait pas entrevu la suite, avec plus de lucidité qu'il veut en avouer. Il est mort un an après sa retraite, sans avoir vu sombrer son univers.

Il avait raison au moins sur un point : 1950, en ce village oublié du temps, c'était 1890. J'aurais pu m'y laisser prendre s'il n'y avait pas eu Hiroshima, quelque part dans ma mémoire proche.

IV

Première classe

Ils sont là, devant moi, les bras croisés, immobiles et attentifs. Douze garçons et trois filles : les protestants sont arrivés en renfort. Seules innovations : j'ai enlevé l'estrade de 30 cm qui faisait du bureau un poste d'observation idéal mais gênait mes déplacements à travers la classe ; j'ai remplacé les chromos par des reproductions de Gauguin et Matisse, l'extrême pointe de mon prudent avant-gardisme pictural. Les enfants s'interrogent sur ces bouleversements inouïs.

Un autre qui s'en est rendu compte au premier coup d'œil, c'est le maire, venu voir par routine « si la rentrée s'est bien passée », rituel indispensable. Il n'a pas fait d'observations sur les reproductions. J'avais frôlé sans la dépasser la limite de la décence et de la subversion : les tableaux sont « habillés », et les peintres ne sont pas impliqués politiquement. Par contre, il s'est étonné de la disparition de l'estrade, se contentant de la seule observation de sa compétence : il espérait que j'avais pris soin du matériel à l'inventaire. Il savait que sa remarque était de pure forme, et que je n'avais pas brûlé l'estrade. Mais que c'est donc insupportable, devait-il penser, de ne pas pouvoir tout simplement ordonner à ce jeune blanc-bec de remettre illico l'estrade et les respectables gravures. A ce simple privilège, l'école laïque devait une bonne part de son prestige et de sa réussite. Sur ce point, Jules Ferry avait vu juste.

Mon problème, pour l'instant, ce sont ces quinze visages paisibles et énigmatiques. Je commence par le commencement, c'est-à-dire que je parle pour parler, d'instinct, simplement pour établir un contact, en énonçant des informations sans importance. Pas de réponse, malgré mes sollicitations. Seul, un grand costaud, visiblement porte-parole par accord tacite, parce qu'il parle avec plus d'assurance, se risque à me faire observer que certaines de mes instructions sont en contradiction avec l'usage établi par mon prédécesseur, « le maître », dit-il, réalisant aussitôt la gaffe. Je lui réponds sèchement que, désormais, le maître c'est moi, et que les usages ne sont pas éternels. Je m'étais promis d'être plus souple — je m'y attendais, évidemment — mais l'agacement a été le plus fort. Au fond, je ne suis pas sûr que les enfants n'aient pas simplement tâté le terrain, s'assurant du même coup que les règles anciennes étaient abrogées, et que j'avais bien l'intention de n'en faire qu'à ma tête.

J'ai entendu il y a peu faire l'éloge de la blouse, le modeste uniforme qui masquait les différences sociales. Outre que l'auteur de ces propos était trop jeune pour avoir connu la blouse, je ne crois pas, dans l'hypothèse absurde où il aurait été originaire d'un village comme celui-ci, qu'il l'aurait lui-même portée. Tous les enfants d'ici sont du même milieu social. Les autres sont chez les « Frères » ou dans quelque lointain internat, règle à peu près générale dans les villages à cette époque, peuplés de paysans et d'artisans, à la rigueur de petits fonctionnaires. En ville, on note quelques rares exceptions, résultant des convictions des parents, ou de la quasi-obligation à laquelle se sentaient tenus certains hauts fonctionnaires de la République, encore que l'existence des petites classes des lycées favorisât une subtile ségrégation, renforcée par les ruses de la géographie scolaire.

Ici, il n'y a pas à s'y tromper : cette école est l'école du peuple, bien que l'expression soit aujourd'hui franchement ridicule ; si la blouse est encore largement dominante, quoique non obligatoire, c'est qu'elle a une fonction utilitaire, y compris pour les maîtres toujours fidèlement vêtus de gris. Expliquons.

La pointe « Bic » n'a pas encore fait sa percée spectaculaire. De toute façon, l'Education nationale restera longtemps fidèle à la plume sergent-major qu'on trempe, comme il se doit, dans l'encre violette. Pourquoi l'encre violette ? Mystère qui a probablement une origine simple et évidente, comme tous les mystères, mais je ne la connais pas. Cette encre violette se prépare à l'aide de poudres ou de bâtonnets, et transporte des grumeaux, qui refusent de passer par le bec verseur... pour gicler quand on ne les attend plus. O combien de blouses à jamais maculées ! Mieux vaut la blouse que le vêtement, ont dû penser au moins deux générations de mères ayant, comme elles disaient, de la « difficulté à joindre les deux bouts ». Surtout que l'encrier incrusté dans la table a aussi ses traîtrises. On appelait ça des « pâtés », ornement des cahiers d'écolier. D'où les pages arrachées, et les cahiers, en fin de course, réduits d'un bon tiers. Je veux bien faire l'éloge de la blouse, qui ne masquait pas des inégalités inexistantes, lesquelles se manifestaient en d'autres lieux, de façon autrement subtile, mais protégeait les vêtements indéfiniment ravaudés. Je voudrais plutôt faire un éloge des mères ravaudeuses, enfilant l'aiguille à contre-jour dans les salles communes obscures, alors que leur vue baisse.

Les maîtres, c'est de la craie qu'ils avaient à se protéger. Imagine-t-on ce qu'était la poussière de craie, peu à peu remplacée par des craies molles, puis par le feutre ? Sauf à porter de ces blouses élimées, mille fois lavées, un maître d'école « à l'ancienne » consommait dans sa carrière au moins une blouse par année. Et voilà comment la blouse d'école et la blouse du maître, protectrices des insuffisances de la technologie scolaire, sont devenues des symboles inoubliables.

Donc, ils sont en blouse pour la plupart. Des blouses noires ou grises, avec plusieurs variantes de gris. C'est moins triste. Les filles jettent une note de couleurs, car leurs blouses à carreaux sont à dominante bleue ou rouge. Il faudrait davantage de filles.

En ce temps-là, deux exercices dominent : le problème et la dictée. Aucun ne pose de tourment idéologique. Les problèmes portaient sur quelques situations peu courantes, mais devenues familières du simple fait qu'elles donnaient lieu à des exercices de gymnastique intellectuelle appréciés dans les écoles primaires. Les trains lancés à vitesses variables selon le raffinement de l'exercice, les baignoires qu'on vide et qu'on remplit pour des motivations mystérieuses (mais aucun élève n'avait jamais vu une baignoire, d'où l'acceptation du mystère), les transports de gravier ou « de terre fraîchement remuée » d'un point à un autre, les mélanges de cafés de prix différents, formaient la substance de petits énoncés dont le souvenir attendrit encore ceux qui ont eu à les résoudre.

La dictée, tout le monde sait ce que c'est : cet exercice suranné survit encore à la télévision au titre des arts et traditions populaires. On peut d'ailleurs considérer que le problème survit lui aussi en ce même lieu, à cette variante près que les jeux télévisés sont infiniment moins subtils que les exercices d'antan.

Pour établir son autorité — heureux temps où peu de chose en somme suffisait —, rien de tel, dans la même matinée qu'un bon problème, ou plutôt trois, puisqu'il y a trois niveaux, et une bonne dictée. Prétexte : pour apprécier l'état des connaissances après ces longues vacances. Le résultat est désastreux, en raison de la difficulté des exercices, de la durée des vacances, effectivement, mais aussi et surtout, du niveau réel des élèves. Je ne m'attends pas à faire de miracles. L'avis général de la population, immédiatement répercuté, est cependant qu'avec le jeune maître, « ils » ne s'amuseront pas. Moi non plus.

Je garde un doute sur les problèmes : malgré leur absurdité évidente, et leur irréalismc total, peut-être avaient-ils quelques vertus d'entraînement. En outre, je n'étais plus dans l'enseignement primaire au moment du triomphe des mathématiques dites « modernes », et je n'ai jamais pu apprécier par moi-même leur valeur formatrice.

En revanche, je suis persuadé que la dictée, valable comme simple exercice de contrôle, ne méritait pas tout le temps qu'on y passait pour préparer les candidats au regretté certificat d'études primaires, sur lequel il faudra bien que je revienne, tant il fut au cœur du dispositif de l'école élémentaire. La dictée étant éliminatoire, il fallait des efforts désespérés pour inculquer, à l'aide d'exercices divers, qui valurent à un certain Bled des droits d'auteur confortables, le minimum de mécanismes pour qu'ils puissent n'avoir que quatre fautes trois quarts le jour fatidique. On pouvait toujours rattraper ailleurs le déficit en points, mais cinq fautes, c'était le couperet. Or, ces enfants, qui n'avaient pour la plupart rien à attendre de leurs parents, fermiers, métayers ou ouvriers agricoles, avaient le plus grand besoin de leur certificat pour accéder à un modeste emploi, facteur, cantonnier, gendarme, cheminot, etc. Les enfants de milieux aisés, qui passaient en sixième sans trop d'encombre, ne rencontraient jamais l'orthographe sur leur route. L'orthographe, dite « la science des ânes » par les beaux esprits, n'était un moyen de sélection que dans les milieux défavorisés. Corrigeant, beaucoup plus tard, des copies d'étudiants d'université, je me disais mélancoliquement que ceux-là n'auraient pas traversé l'épreuve du certificat d'études.

Passe encore pour la syntaxe, qui a sa logique ; respecter un accord, sauf en quelques cas tarabiscotés, ne demande qu'un peu d'attention et la connaissance des règles. Mais l'orthographe dite d'usage, on peut désespérer de la dominer, sauf emploi fréquent de la langue écrite. Inutile de dire que mes élèves n'avaient une telle pratique que dans le cadre scolaire. Le cercle était vicieux : la dictée était un exercice qui ne se pratiquait qu'à l'école, et n'avait donc d'autre finalité apparente que de témoigner de la perversité des adultes. Les élèves en venaient à qualifier respectueusement d'« auteurs de dictées », les écrivains dont les noms revenaient souvent au bas des textes.

J'ai pu constater ensuite, avec mes élèves comme avec d'autres, que les résultats des efforts fournis étaient dérisoires. Quelques mois plus tard, il n'en restait plus rien. Inutile de dire que j'ai toujours accueilli avec scepticisme les divers projets de réforme de l'orthographe. Heureusement, aujourd'hui, plus personne n'est sanctionné pour l'orthographe, ce qui rend toute réforme sans intérêt. Et puis, les micro-ordinateurs, impensables à l'âge de l'encre violette, savent aujourd'hui corriger eux-mêmes les fautes d'orthographe d'usage, et bientôt sans doute les fautes de syntaxe.

Problèmes et dictées, j'ai l'impression aujourd'hui, d'avoir travaillé pour le roi de Prusse. Mais qu'est-ce qui est essentiel, à la fin ?

V

Premières armes

Si problèmes et dictées ne bouleversaient pas ma conscience, il en allait autrement dès que je m'aventurais sur des terrains plus glissants : morale, instruction civique, histoire, géographie, et même français, à cause du choix des auteurs.

« La morale, tu laisses tomber, m'avait dit un instituteur de quelques années plus âgé. C'est passé de mode. Ou tu enseignes cette morale bien-pensante qu'on a appelée à tort morale laïque, ou tu parles d'une vraie morale de notre temps, et celle-là est politique. Tu saisis ? Ou alors, tu t'attires les pires ennuis. Surtout dans ton bled d'arriérés. »

Ceci me rappelait un passage de Jean-Paul Sartre, un des quelques auteurs contemporains à qui j'avais eu le temps de m'intéresser à travers son œuvre romanesque. Le soir même, je cherchai le passage en question.

« Lorsque, vers 1880, des professeurs français essayèrent de constituer une morale laïque, ils dirent à peu près ceci : Dieu est une hypothèse inutile et coû-

teuse, nous la supprimerons, mais il est nécessaire cependant, pour qu'il y ait une morale, une société, un monde policé, que certaines valeurs soient prises au sérieux et considérées comme existant a priori *; il faut qu'il soit obligatoire* a priori *d'être honnête, de ne pas mentir, de ne pas battre sa femme, de faire des enfants, etc, etc. Nous allons donc faire un petit travail qui permettra de montrer que ces valeurs existent tout de même, inscrites dans un ciel intelligible, bien que par ailleurs, Dieu n'existe pas. Autrement dit, et c'est, je crois, la tendance de tout ce qu'on appelle en France le radicalisme, rien ne sera changé si Dieu n'existe pas ; nous retrouverons les mêmes normes d'honnêteté, de progrès, d'humanisme, et nous aurons fait de Dieu une hypothèse périmée qui mourra tranquillement et d'elle-même.* »

« Ce type a raison en partie, trancha mon aîné à qui je communiquais ce passage. Ou bien on enseigne la même morale conformiste et médiocre que les curés, avec en moins ce qui donne tout de même un sens à tout ce galimatias, ou bien on va jusqu'au bout en révisant de fond en comble nos conceptions. Mais vois-tu, ajouta-t-il prudemment, les temps ne sont pas arrivés, surtout dans nos campagnes. Je ne parle pas de ton bled, qui est un cas désespéré. »

Ils avaient tous une façon compatissante de me parler de « mon bled » qui commençait à m'agacer. Mais j'écoutais tout le monde, on ne sait jamais.

Je feuilletai les manuels de morale, tous en service depuis l'avant-guerre. Je dois reconnaître qu'ils me paraissaient très éloignés du monde que la guerre avait mis en place pour longtemps.

J'étais persuadé que les enfants n'étaient pas dupes de cette morale, même s'ils savaient s'ennuyer avec impassibilité, vertu oubliée. Bien sûr qu'ils savaient qu'il ne fallait pas voler, pas jeter le pain, dire bonjour en enlevant son béret, se laver tous les matins. Moi-même, par les matins d'hiver, avec la pompe gelée, j'avais quelque peine à suivre ce dernier principe d'évidence, et je savais que les principes composent toujours avec la réalité. L'encadrement familial, extrêmement rigide, veillait à cela. Les parents, d'ailleurs, considéraient respectueusement, car ils savaient faire passer leurs messages sans interpellation directe, que tout ceci n'était pas de mon ressort. Ce n'est que depuis que les parents ont perdu une large part de leur autorité qu'ils attendent de l'école plus qu'elle ne peut donner.

L'école normale, malgré sa réputation de « séminaire laïque », ce qui était peut-être vrai avant-guerre, n'avait guère insisté sur la laïcité comme principe fondamental de l'école laïque. Pendant trois ans, le slogan obsédant de notre directeur, au demeurant excellent pédagogue malgré ses lubies, était d'une extrême simplicité : « Bac-bac-bac. » La quatrième année, dite de formation professionnelle, était plus décontractée, mais plutôt axée sur les techniques d'enseignement que sur leurs fins dernières. Il allait de soi que nous étions laïques, mais il était peu question de laïcité. L'école catholique était considérée comme une enclave, quelque chose d'aussi lointain que Pondichéry-Chandernagor-Yanaon-Karikal et Mahé. Je ne me souvenais que de la très fameuse « Lettre aux Instituteurs » par laquelle Jules Ferry énonçait ce qu'allait être la mission de l'instituteur laïque. J'en avais quelques extraits sous la main.

« Si parfois vous êtes embarrassé, écrivait le fondateur, *pour savoir jusqu'où il vous est permis d'aller dans votre enseignement moral, voici une règle pratique à laquelle vous pouvez vous en tenir. Au moment de proposer à vos élèves un précepte, une maxime quelconque, demandez-vous s'il se trouve à votre con-*

naissance un seul honnête homme qui puisse être froissé de ce que vous allez dire. Demandez-vous si un père de famille, je dis un seul, présent à votre classe et vous écoutant, pourrait, de bonne foi, refuser son assentiment à ce qu'il entendrait dire. Si oui, abstenez-vous de le dire ; sinon, parlez hardiment... »

Ce père de famille fantôme du fond de la classe a beaucoup servi par la suite. Les pères de famille de 1883 devaient cependant être plus timides que ceux de 1950, pourtant encore très consensuels. Il n'aurait pas manqué de gens pour contester la « morale de classe », la « morale bourgeoise », et même la morale tout court. Bien sûr, il n'y en avait pas ici, dans ce village tranquille, sans doute plus près de 1883 que de 1950. Mais je me devais, c'était mon rôle, après tout, d'ouvrir sur le vaste monde, au moins sur la France, et convoquer fictivement tous les pères de famille de ce pays. Tout, alors, devenait compliqué.

La morale, par ailleurs, n'était pas très à la mode. Lors de l'épreuve pratique de mon certificat d'aptitude pédagogique, le jury, composé de l'inspecteur primaire de la circonscription et de deux instituteurs expérimentés, ne s'était pas intéressé à cet aspect de mon travail. Heureusement. Les collègues, lors de la très solennelle conférence pédagogique de rentrée, où l'on parlait de tout, m'avaient paru très détachés par rapport à ce problème. En bref, la morale n'était plus guère l'affaire de l'école.

Après tout, c'était un souci de moins. Restait pourtant l'instruction civique, son inséparable compagne, théoriquement neutre puisqu'il n'y avait qu'à enseigner les institutions de la République, sans prendre parti sur le fond. Position dans la réalité difficile à tenir, puisque l'instruction civique ne prenait son sens qu'accompagnée de morale civique. La description d'un mode de scrutin, rapportée à la maison par un écolier distrait, peut prendre des accents de sédition. Le père de famille n'était pas au fond de la classe, mais la classe était en quelque sorte sur table d'écoute. On me rapportait — mais en qui pouvais-je avoir vraiment confiance ? — que des gens bien intentionnés posaient aux enfants, d'un air détaché, des questions qu'ils auraient voulu subtiles. Heureusement, les enfants étaient plutôt taciturnes, et je crois qu'ils avaient fini par m'adopter. J'avais, il faut le dire, seulement six ou sept ans de plus que certains d'entre eux : à quelques années près, j'étais des leurs.

« *La plus perfide manœuvre des ennemis de l'école laïque*, écrivait Jean Jaurès en 1908, dans une revue exhumée de la poussière de la Bibliothèque pédagogique de circonscription, *c'est de la rappeler à ce qu'ils appellent la neutralité, et de la condamner par là à n'avoir ni doctrine, ni pensée, ni efficacité intellectuelle et morale. En fait, il n'y a que le néant qui soit neutre.* »

« *Les leçons de morale civique,* confirme Alain, mon seul auteur connu alors, *sont hérissées d'épines. Je ne parle pas des dangers, mais seulement des difficultés inhérentes au sujet. Tel est l'inconvénient de ces programmes ambitieux ; on veut tout enseigner à un enfant, même ce qu'un homme a grand-peine à comprendre. Au reste, il est clair que les pouvoirs n'ont jamais cessé de vouloir que l'on enseigne au peuple ce qui s'accorde avec leur politique.* »

« Ne te mets pas martel en tête, petit, me dit un très vieil instituteur retraité qui assume de temps en temps les fonctions de bibliothécaire, en me montrant d'un air blasé les vieux livres entassés sans classement ni répertoire, et qui détiennent peut-être les secrets perdus des grands ancêtres. Ce n'est pas si compliqué, il suffit d'aller tout droit, et tant pis si le maire et le curé ne sont pas contents. C'est bien pour un jeune de chercher à comprendre, mais, crois-moi, de mon temps tout était clair. »

Je pense bien : il a débuté dans un village bien plus hostile que le mien en 1905, en pleine séparation de l'Église et de l'État, et le soir, quelques plombs égarés ont mystérieusement pénétré dans sa cuisine en cassant les vitres, sans compter quelques cailloux. Il n'avait pas besoin de chercher des réponses dans les livres.

VI

Premières vaguelettes

La vie quotidienne s'est installée. Nous commençons à être des figures familières dans le village. Des notables, en quelque sorte, ce qui nous fait sourire, mais des notables sous surveillance. Rien n'échappe de nos faits et gestes, et tout nous revient par des voies multiples, sous forme de commérages, de propos en passant, d'avertissements voilés. Si le sage vit dans une maison de verre, nous sommes des sages.

Tout ceci, comme on ne manque pas de me le dire à l'extérieur, est du pur Clochemerle. J'ajoute : en moins drôle. Il nous faut décoder le moindre incident ou propos, en extraire la signification sociologique cachée, au risque évidemment de tomber dans le délire de persécution.

Nous avions été, ma femme et moi, durant le temps de nos études, membres des Auberges de Jeunesse, des « ajistes », comme on disait. C'était un mouvement (j'entends sa branche laïque) dans le plus pur esprit de l'après-guerre, avec de longues équipées dans la nature, des nuits passées dans des auberges sans confort, et surtout, à l'époque des vacances, des « caravanes » qui nous permettaient avec nos maigres moyens financiers de commencer à connaître la France. Feux de camp, chansons nostalgiques et quelquefois paillardes, poèmes, discussions passionnées occupaient les soirées d'après les randonnées cyclistes ou pédestres.

Désormais possesseurs de deux bicyclettes flambant neuves, qui nous valurent deux mois aux pommes de terre à l'eau et préparations diverses à base de lait, il nous reprit l'envie de l'évasion. Un samedi soir après la classe, dans le bel automne finissant, nous quittâmes le bourg. Notre départ fut immédiatement répercuté par le tam-tam local. Nous étions vêtus comme de coutume. Le lendemain soir, pour le retour, la tête pleine de ces retrouvailles, je négligeai, pour rentrer au village la nuit tombée, de quitter le short que j'avais repris en souvenir des jours anciens et pour d'évidentes raisons de confort : c'est tellement plus facile pour pédaler. Le lendemain matin, la nouvelle courait le village, et nous revint par divers canaux. Une vieille femme à qui rien n'échappait — elle quittait rarement sa fenêtre, poste d'observation idéal —, mais qui ne manquait pas d'un certain humour, me dit qu'elle m'avait vu rentrer « en culottes courtes ». Un conseiller municipal rencontré par hasard (?), le lendemain soir, fit une allusion sévère à un instituteur des environs qui ne portait pas de cravate. C'était, en ce temps et en ce lieu, un délit majeur. Comme il n'était pas question de mettre une cravate avec un short, je décodai l'avertissement sans difficulté. Le printemps suivant, en reprenant les équipées cyclistes, je veillai, en rentrant, à changer de tenue dans un bosquet à 4 km du bourg.

Un autre jour, je m'entendis reprocher de faire de l'excès de zèle, ce qui était plutôt inattendu. Il est vrai que c'était pour une question d'argent, donc sérieuse entre toutes. L'attribution des allocations familiales était liée à l'assiduité scolaire, la signature de l'instituteur faisant foi. Or, j'avais refusé de signer l'attestation d'un garçon qui, à mon appréciation, était trop souvent absent sans excuses suffisantes. Le père, qui n'avait que ce garçon, mais une ribambelle de filles — et, je l'appris plus tard, utilisait son garçon comme main-d'œuvre de complément — pensait faire pression sur moi en évoquant ses protections municipales. Mauvais calcul. Mais c'est ainsi qu'on se fait des ennemis.

Cette feuille d'allocations familiales était d'ailleurs une arme aux usages multiples. Ainsi, un jour, débarqua dans le village une troupe de « Bohémiens », comme on appelait les Gitans. Ils restaient en général plusieurs jours, le temps de rempailler des chaises, d'aiguiser des couteaux, de rafistoler des matelas. Leurs enfants, totalement analphabètes quel que soit leur âge, fréquentaient cependant l'école, toujours à cause de la fameuse attestation. A chaque passage, je tentais de semer quelques graines, en pure perte, j'en ai peur.

Au village, on ne les aimait guère. Le linge, comme par enchantement, ne séchait plus en plein air, et on comptait les poules avec plus de rigueur que d'habitude. Le secrétaire de mairie, d'un air innocent, me dit que si les feuilles n'étaient pas signées, ils iraient dans un village voisin. J'écoutai la remarque sans broncher, comme si je n'avais pas compris. Les Gitans restèrent donc quelques jours de plus. Pour tout compliquer, ils n'étaient pas catholiques, mais de je ne sais quelle Église protestante. Ils portaient des croix étranges, que je leur demandai de dissimuler sous leur veste, ce qu'ils firent sans histoires. Ces croix étaient, paraît-il, complètement hérétiques, et une de ces rumeurs dont on ignore toujours l'origine, s'enflait disant qu'elles portaient malheur et qu'il aurait fallu les confisquer à l'entrée du village. Je fus à compter de ce jour « l'ami des Bohémiens », autrement dit des « voleurs de poules ». Mais mes « amis » Bohémiens ne desserraient pas les dents. A vrai dire, leur français était plus que rudimentaire, sauf un jeune homme qui s'enhardit à me demander un service en raison de ses déboires avec l'armée. Il m'apprit que la moitié de sa famille avait été exterminée en camp de concentration. J'essayai de répandre la nouvelle, mais on me dit que j'étais bien naïf de croire ces gens-là. Comme les juifs, ils avaient fabulé sur cette histoire. Ce n'était pas pour excuser les Boches, mais, voyez-vous, ajoutait-on, avec cet irrésistible ton raisonnable des gens de mauvaise foi, cette histoire d'extermination a été bien exagérée. Je regrette aujourd'hui de ne pas avoir protesté avec plus de véhémence.

Certaines anecdotes ont en revanche ce côté un peu mesquin qu'on reproche volontiers aux histoires de village. Celle qui suit est à peu près incompréhensible pour qui ne connaîtrait que les supermarchés. Elle en est d'autant plus significative.

J'ai dit qu'il n'y avait pour tout le village qu'une seule épicerie. Comme il n'y avait aucun moyen de locomotion pour le chef-lieu de canton, il fallait bien compter sur ses maigres stocks. Ma femme, un soir où le menu était un peu trop spartiate, arriva à temps pour rafler le dernier fromage, un peu avancé sans doute, mais tout de même un fromage. Son butin dans la main, elle s'apprête à payer, quand arrive en voiture une châtelaine des environs, qui s'était aperçue, elle aussi, qu'il lui manquait un fromage. Il n'aurait pas été charitable, sous une pluie fine et froide, d'envoyer à pied quelqu'un de la domesticité.

Elle entre dans le magasin, et, sûre d'elle, sans saluer, elle demande d'une voix impérative un fromage. L'épicière aux abois regarde le fromage entre les mains de ma femme. La châtelaine comprend que c'est le dernier fromage. Elle regarde le fromage avec autorité. L'épicière regarde le fromage, puis la châtelaine avec un air de détresse. Ma femme serre un peu plus la misérable boîte ronde et ne regarde plus qu'elle. La châtelaine attend un geste, ou un miracle. D'une voix étranglée, l'épicière dit qu'elle n'a plus de fromage, qu'elle vient de vendre le dernier. La châtelaine part furieuse en claquant la porte. Ma femme paie le fromage, salue, s'en va, et laisse l'épicière à sa consternation et à ses considérations sur les temps qui changent.

Nous entrons alors dans la seconde moitié du XXe siècle. Tous les citoyens sont égaux. Mais ici, dans ce village, il n'est pas un seul habitant, pas une seule habitante, qui n'aurait bon gré mal gré la rage au cœur ou avec le sentiment du devoir accompli, abandonné son fromage à la châtelaine. C'était le privilège de l'institutrice (l'instituteur aurait sans doute été piégé en dérivation par les règles de la galanterie française) de pouvoir tenir tête à l'aristocratie terrienne, fût-elle de lignée récente. Il ne faut pas sous-estimer la puissance des signes : dans ce duel dérisoire, la République l'avait emporté sur l'Ancien Régime. La leçon valait bien un fromage.

Le 11 novembre arriva. J'avais particulièrement soigné la Marseillaise. Pour faire bon poids, j'avais ajouté un poème de Victor Hugo, irréprochablement patriotique et raisonnablement mystique. J'avais donné rendez-vous aux enfants — enfants de chœur exceptés, retenus par les devoirs de leur charge — en un point du monument aux morts exactement opposé à la procession venant de l'église, curé et bannière en tête, école privée et notables immédiatement derrière. En ordre dispersé, les élèves de l'école publique quittèrent la procession, et me rejoignirent à la faveur d'un mouvement tournant, tandis que les anciens combattants se regroupaient dans l'espace laissé libre entre la procession disloquée et le petit groupe de mes élèves endimanchés. Je sais bien que cette tactique savante apparaît aujourd'hui mesquine, et j'en souris moi aussi comme d'un bon tour de potache, ce que j'étais encore un peu. Mais comment faire autrement la séparation stricte du civil et du religieux lors de ces cérémonies hybrides au cours desquelles le village se retrouvait dans une unité qui n'était pas loin d'être sacrée au sens littéral du terme ? S'il y eut réprobation, elle ne parvint pas jusqu'à nos oreilles.

C'est que cette séparation, je crois, était entrée dans les mœurs, et avait même été poussée fort loin, bien au-delà de la volonté du législateur, qui s'était gardé de tout anticléricalisme militant, et encore plus de toute atteinte à la religion. On considérait spontanément l'instituteur comme étranger par nature à l'église. La plupart de mes collègues n'encombrant pas les édifices catholiques, le phénomène était entré dans les mœurs. Un normalien d'un département voisin, sorti la même année que nous, m'a raconté plus tard une curieuse anecdote. Catholique convaincu, et militant laïque tout aussi convaincu — qui n'avait pas compris cette double référence, au demeurant fort rare, n'avait rien compris au concept de laïcité tel que l'avaient forgé les pères fondateurs —, il avait rendu au curé, juste après sa nomination, une visite peu conforme aux usages, lui annonçant qu'il assisterait à la messe, mais que son engagement laïque était total. Le curé, réagissant dans l'instant, lui avait suggéré d'aller plutôt à la messe dans une autre paroisse. Il pensait que la présence de l'instituteur à l'église serait interprétée par les fidèles comme une sorte d'espionnage.

« Je crois plutôt, commentait l'"espion", que ma présence le gênait pour les sermons, dans lesquels il aurait, selon les mauvaises langues, introduit subtilement quelques conseils extra-religieux pour l'édification de ses paroissiens. Bien entendu, j'ai passé outre à ses conseils, mais une partie de la population était de son avis. Quant aux sermons, ils étaient irréprochables, mais je n'ai jamais su si ma présence y était pour quelque chose. »

Beaucoup d'instituteurs fantasmaient sur le sermon du curé, dont on leur rapportait de vagues bribes, généralement contradictoires. Je ne sais pas pour ma part ce que disait le curé de mon village, mais il n'avait rien à redouter de son auditoire, parfaitement conformiste sur le plan politique, et insensible à toute pression dès qu'il s'agissait d'affaire d'alcôve.

Les rapports avec les parents étaient excellents. Je dis bien : avec les parents. Impossible de comprendre comment une population aussi bruissante de rumeurs, quelquefois franchement malveillante, pouvait se transformer dès qu'on avait affaire à chaque père de famille en particulier. A croire que les parents se recrutaient ailleurs. Les seuls reproches qu'on m'ait adressés étaient relatifs à mon absence de sévérité : entendez par là qu'une bonne taloche de temps en temps, ça fait du bien. Et puis, ça améliore les résultats. Personnellement, j'en doutais.

Je retrouvais par là, cependant, le partage judicieux que les fondateurs de l'école laïque avaient opéré entre la famille et l'école.

« *Vous êtes l'auxiliaire et, à certains égards, le suppléant du père de famille*, écrivait Jules Ferry ; *parlez donc à son enfant comme vous voudriez que l'on parlât au vôtre...* »

« La famille est le lieu où vous n'avez pas à pénétrer autrement qu'en invité, disait le directeur de l'école normale dans ses causeries sur la morale professionnelle. Vous représentez l'État, et même la justice, qui représente la loi, y regarde à deux fois avant de mettre le nez dans les affaires familiales. »

« Tiens-toi à carreau, fils, m'avait dit le vieil instituteur. Ils te pardonneront tout si tu ne te mêles pas de ce qu'ils estiment être leurs affaires. La religion fait partie de ces affaires. »

La difficulté était de s'y reconnaître. Si un père bat son enfant chez lui, au point de laisser des traces, est-ce qu'il s'agit d'une affaire privée ? Vous avez gagné : c'est une affaire privée. Enfin, c'était...

Je m'y reconnaissais assez bien dans les interdits implicites, sans doute parce qu'il me suffisait de fouiller dans mes souvenirs pour délimiter parfaitement le territoire que ma famille considérait comme inviolable. Le maître d'école était chargé de l'instruction, et il aurait enseigné que la terre était plate, que ç'aurait été, si j'ose dire, parole d'évangile. La science et le civisme, voilà son domaine. La morale, la religion, la sexualité étaient de la compétence du père de famille, avec délégation possible à la mère, à la rigueur au curé. Restait un no man's land, théoriquement du domaine de personne, mais particulièrement difficile à définir : la politique. Dire qu'un représentant du peuple doit être honnête, et même irréprochable, ressort de la morale. Donner des exemples du contraire ressort de la politique. Les dérapages étaient rares, même chez les militants politiques les plus engagés, et, de ce fait, paradoxe d'époque, les plus prudents. La morale atteignait ainsi des sommets d'abstraction, et désertait peu à peu, sinon les programmes, du moins la pratique pédagogique.

VII

Premières interrogations

La vie de la classe suivait son cours, au rythme des baignoires se vidant et se remplissant inexplicablement, des trains lancés à vitesses variables vers des destinations incertaines, des ouvriers fébriles creusant des trous pour les remplir aussitôt, comme dans quelque bagne dont les surveillants seraient devenus fous. C'était le temps des devoirs à la maison ; l'enfant, exilé à une extrémité de l'immense table de la salle commune, pouvait faire profiter toute la famille de ces problèmes exaltants. Si les problèmes étaient vraiment difficiles, c'est que j'étais un bon maître. Quant aux participes passés, tout le monde avait renoncé à comprendre leurs accords les plus subtils, ce qui n'empêchait pas quelque père — les mères ne se mêlaient pas de ça — plus hardi que les autres de me confier toute son admiration pour la perversité des participes passés des verbes pronominaux. Un originaire de la commune, ayant atteint une place enviable à Paris, et, partant un grand prestige auprès des siens, perdit quelque peu de sa crédibilité le jour où il conseilla mal son petit cousin à propos d'un accord dans une phrase que je reconnus moi-même, mais en moi-même, comme particulièrement tordue. L'illustre enfant du village cessa de ce jour de dénigrer l'école laïque, qui confiait des enfants à de jeunes maîtres inexpérimentés et probablement engagés politiquement, ce qui voulait toujours dire : à gauche. Sur ce point, il n'avait pas tout à fait tort : sans appartenir à aucun parti politique, je pouvais être considéré comme « de gauche », mais je n'avais jamais engagé avec quiconque au village le moindre début de discussion politique, bien que les sujets ne manquassent point en ces années de guerre froide.

Le ronronnement des problèmes et dictées, l'amélioration de la pratique de la lecture et de l'écriture, en gros les exercices portant sur le perfectionnement des mécanismes intellectuels et la maîtrise de la langue, pour essentiels qu'ils me parussent, ne pouvaient complètement satisfaire mes aspirations dans l'exercice de mon métier. Il me semblait que nous passions à côté de choses essentielles, susceptibles ni plus ni moins que de donner un sens à la vie. J'en étais à cette période où, après avoir cherché le sens de la vie, je cherchais à lui donner un sens. Je dirais aujourd'hui : tout ça a-t-il un sens ? Ces désirs vagues tournaient autour de ce qu'il est convenu d'appeler la morale et l'art. J'ai déjà dit que la morale, réduite aux recettes puériles des manuels, me semblait renforcer le conformisme ambiant, et que je ne savais pas comment aborder les questions qui m'apparaissaient essentielles — la paix, la guerre, l'injustice, la liberté — sans faillir à la règle d'or de Jules Ferry. Je croyais ces esprits d'enfants plus malléables qu'ils n'étaient, et je pensais que je n'avais qu'à parler pour qu'ils adoptent mon point de vue. J'avais donc des scrupules à forcer leur esprit ; je voulais simplement attirer leur attention, leur permettre d'exercer leur pensée critique autrement que sur des problèmes abstraits. Je m'aperçus plus tard, et avec soulagement, que la parole du maître n'avait pas ce pouvoir, et qu'ils étaient capables d'écouter le plus enflammé des sermons, que j'aurais d'ailleurs été incapable de faire, en bon voltairien, et d'en sortir parfaitement indemnes. La persuasion efficace suppose autant de grand art dans la manière de contourner l'obstacle que de mauvaise foi. Je n'avais ni l'un ni l'autre, mais je ne le savais pas.

Quant à l'art, le vrai, c'était une autre affaire : les programmes ne l'abordaient que de façon incidente. Je n'avais pas compris que l'école laïque avait écarté résolument les disciplines artistiques. Peut-être, comme on l'a prétendu, parce que la tradition des Lumières avait privilégié la raison sur la sensibilité ; plus sûrement parce que l'enseignement de l'art est incontrôlable, et peut donner lieu à des dérapages préjudiciables à la stricte neutralité.

Parler d'art dans ce village avait quelque chose d'irréel. C'était au fond une question de culture, mais le mot n'avait pas la vogue qu'il a prise depuis, d'ailleurs avec diverses acceptions. Et s'interroger sur la culture des élèves, c'était s'interroger sur la culture des maîtres. Je dois reconnaître que celle-ci n'était pas très brillante, à commencer par moi-même.

Ce qui vaut un retour en arrière.

Retour arrière

C'est peu de dire que les instituteurs d'alors, normaliens ou non, étaient d'origine modeste. A quelques exceptions près, ils venaient de foyers où les livres étaient rares, quand il y en avait. Quand il y en avait, ce n'était pas du premier choix, du moins selon les critères dominants. Les enfants qui manifestaient un penchant spontané pour la lecture — c'était mon cas, sans doute parce que mes parents n'aimaient pas beaucoup que je traîne dans le village — devaient se contenter de ce qu'ils trouvaient. La bibliothèque scolaire livrait ses livres avec parcimonie : une distribution par semaine, deux livres au maximum. Les livres intéressants étaient si peu nombreux qu'on en voyait vite le bout. On en lisait certains une bonne dizaine de fois. C'est là que j'ai pris en haine la comtesse de Ségur, née Rostopchine, et que j'ai voué à Jules Verne une admiration qui ne s'est pas démentie depuis. J'étais ravitaillé en romans d'aventures, d'ailleurs interdits à l'école, par un voisin disposant d'une mystérieuse filière, d'autant plus mystérieuse qu'on était en pleine guerre, et que toute filière était incertaine. Je lisais, bien entendu, toutes les bandes dessinées américaines qui avaient envahi la France dans les années 30, et circulaient presque sous le manteau après l'entrée en guerre des États-Unis. Je connaissais presque image par image *Les Pieds-Nickelés* et *Bibi Fricotin*, du grand Forton, un modèle d'irrespect. Le cinéma n'arrivait au village qu'une fois par mois avec des comiques troupiers plus ou moins divertissants. Quant à la radio, je n'en ai aucun souvenir, si ce n'est le bruit de fond de Radio-Londres.

Interne à l'école normale, comme c'était la règle, je n'avais plus guère le temps de lire : bac-bac-bac. Je m'intéressais aux auteurs du programme, mais toujours avec ce sentiment de frustration résultant de la formule « anthologie ». Je pouvais néanmoins me procurer à la bibliothèque quelques ouvrages complets, mais j'avais mes critères : je lisais Chateaubriand (à cause de l'Amérique), Flaubert (à cause de l'Orient), et Gautier (à cause de l'Égypte), comme une suite de mes romans d'aventures. Par hasard, je dévorais un livre dont le titre m'intriguait : ce fut le cas pour *La divine comédie* et pour *Ainsi parlait Zarathoustra*. Mais j'ignorais qui étaient Dante et Nietzsche, en dehors de la notice du Petit Larousse.

Pendant mes vacances, je retombais sur des livres de hasard. La bibliothèque providentielle d'une voisine venue s'installer au village sur ses vieux jours me permit de découvrir les œuvres complètes d'Anatole France, de Balzac et d'Émile Zola.

Je fréquentais, je l'ai dit, les Auberges de Jeunesse. Des poèmes circulaient, tirés en violet pâle sur de méchantes machines à polycopier. Je découvris Prévert, qui reste, avec Jules Verne, l'auteur pour lequel j'éprouve le plus de tendresse. L'exemplaire de *Paroles* qui est toujours dans ma bibliothèque est le plus ancien livre de mon âge adulte. Je redécouvris — ils avaient circulé sous le manteau quelques années auparavant — les poètes de la Résistance : Robert Desnos, Max Jacob, Paul Eluard, Aragon. Bien plus tard seulement, je découvris le mouvement surréaliste dont ils étaient issus.

De la vie littéraire de la fin des années 40, je ne savais rien, ou presque rien. Seuls, Sartre et Camus avaient franchi le mur du silence, pour des raisons d'ailleurs extra-littéraires.

Du cinéma, je ne connaissais que les films français dits du « réalisme poétique », où je retrouvais au moins un nom familier : Jacques Prévert. Je ne connaissais pratiquement rien du cinéma américain qui faisait les délices du XVIe arrondissement. Quant au théâtre, c'est encore plus simple : je n'avais jamais rien vu sur scène, sauf de médiocres représentations, mais assez bonnes pour le public de province.

J'avais tout de même eu la chance, lors d'un unique voyage à Paris, une expédition merveilleuse, de visiter le musée du Louvre et l'Orangerie : j'avais le sentiment que je me devais de le faire. J'y découvris les peintres de la Renaissance italienne, les Impressionnistes, les Post-Impressionnistes, et, au hasard d'un parcours en zigzag, Rembrandt et Delacroix. Et Matisse, à la faveur d'une petite exposition. Je revins ébloui, avec des reproductions bon marché, et le désir de tout savoir sur ces magiciens. Mais on ne trouvait pas alors d'écrits correctement illustrés sur l'art, en dehors de livres hors de prix, et donc inaccessibles.

Tel était mon bagage culturel quand je débarquais sur ce quai de gare qui marque le début de ma carrière professionnelle. Je ne mesurais pas l'étendue de mon ignorance, et par conséquent de mes insuffisances. J'étais, ainsi que mes collègues, une proie de choix pour les représentants de commerce qui parcouraient les campagnes, proposant des livres luxueux avec d'alléchantes conditions de vente à tempérament. Ce mode de paiement, que nous découvrions, nous incita à acheter œuvres complètes, histoires de l'art, des sciences, encyclopédies, etc., jusqu'à ce que la somme des mensualités vînt modérer notre boulimie. Je ne parle pas des vulgaires escrocs qui disparurent avec notre premier versement.

C'est au service militaire que je réalisai ce qu'était un instituteur issu des milieux les plus modestes. L'année où je me décidai à rompre mon sursis, tous les titulaires du baccalauréat furent dirigés vers une école d'élèves officiers de réserve, ainsi mis à l'épreuve pendant trois mois. Mon zèle militaire extrêmement mesuré, et mes médiocres performances dans l'épreuve dite du « parcours du combattant », firent que je ne dépassai pas cette période d'essai. J'eus pourtant l'occasion de voir ainsi de près les fils comblés de la bourgeoisie urbaine et intellectuelle, et dans quel mépris ils tenaient les instituteurs. Mépris d'ailleurs sélectif : ce n'était qu'à l'occasion des discussions « sérieuses » que l'instituteur était renvoyé à sa condition. Ce n'était plus un métier, c'était une injure, ou plutôt une sorte de constat désolé. La seule compétence reconnue concernait l'orthographe, matière dans laquelle la haute intelligentsia avoue avec désinvolture ses lacunes.

Je dus reconnaître — en moi-même, évidemment — à les écouter, que ma propre culture était largement déficiente. Je résolus de rattraper mon retard, en profitant de la capacité de lecture rapide acquise à la fréquentation de Louis Boussenard et du capitaine Mayne-Reid. Je reconnus du même coup que ce retard ne pouvait vraiment se rattraper : la culture se respirait dès la première enfance, dans un milieu réunissant les signes du rapport aux œuvres et au monde. Une vaste bibliothèque, des sujets de conversation élargissant l'univers quotidien, des visites d'amis parlant d'expériences inconnues constituent un environnement propice, même si on ne lit pas les livres, même si on ne comprend rien aux conversations. Il va de soi que de parfaits imbéciles évoluent dans cet environnement, mais l'imbécillité n'est pas un véritable handicap quand on a tous les atouts au départ. Dès qu'il sait parler, le petit d'intellectuel sait que sa voie est tracée.

Je comprenais rétrospectivement le point de vue de mes parents qui avaient, eux aussi, des idées bien arrêtées sur mon avenir. Puisque « je réussissais bien à l'école », selon la formule consacrée, je devais « poursuivre des études ». Dans un village plus éloigné du chef-lieu de département, j'aurais été orienté vers le cours complémentaire, formule aujourd'hui absorbée dans le collège. Quasi citadin, je pouvais être dirigé vers les établissements de la ville. Il y en avait deux : le lycée, relevant de l'enseignement secondaire, et l'école primaire supérieure, relevant, comme son nom l'indique, de l'enseignement primaire. L'année même de mon entrée en sixième, ce dernier établissement devenait « Collège moderne et technique », intégré à l'enseignement secondaire, et préparant, comme le lycée, au baccalauréat, section moderne, au lieu de préparer au brevet supérieur, appelé à disparaître. Rien ne s'opposait à ce que j'entrasse au lycée, admission subordonnée à la seule obtention d'un examen, d'ailleurs éphémère et depuis longtemps disparu (le DEPP, pour les amateurs d'archéologie scolaire). Le lycée, en ce temps, c'était la voie royale, l'enseignement classique, le latin-grec, matières remplacées beaucoup plus tard comme instrument de sélection par les mathématiques. Autre système. Qui n'entrait pas en sixième au lycée était engagé sur la voie de non-retour de l'instruction minimale requise pour former les instituteurs, les postiers, le personnel de bureau de la SNCF et les employés de banque.

Ce n'était pas une discrimination : les études au lycée étaient gratuites tout autant que les études au collège. La République n'avait rien à se reprocher. La barrière était ailleurs : dans les têtes. Pas une seconde mes parents n'ont envisagé mon entrée au lycée. Le lycée, disait ma mère, n'était pas pour « des gens comme nous ». A pied, la distance à parcourir depuis mon domicile était la même : 4 km. Le fait est que personne ne s'y trompait : la bourgeoisie, intellectuelle ou non, celle du moins qui n'avait pas choisi les prestigieux établissements catholiques, d'un tout autre niveau que les écoles privées de village, envoyait ses enfants au lycée ; les enfants d'ouvriers et de petits fonctionnaires, eux-mêmes minoritaires, qui poursuivaient leurs études, se retrouvaient au collège. Tout le monde trouvait normale cette ségrégation de fait.

Les deux établissements se trouvant à quelques

centaines de mètres l'un de l'autre, je croisais souvent les lycéens dans la rue. Ils nous ignoraient. Il ne nous était pas difficile, aux uns et aux autres, de nous repérer : nous étions en période de guerre, et entre nos vêtements ravaudés jusqu'à n'être plus qu'un assemblage de reprises et de pièces, et les leurs, de bonne coupe grâce aux réserves des familles et aux ressources diverses que permet le commerce lors des années de pénurie, il y avait des contrastes trop évidents pour pouvoir échapper à la cruauté enfantine. Pour les nostalgiques de la blouse, je signale pour avoir vécu l'expérience, que la différence sociale est parfaitement repérable entre une blouse neuve et seyante et une blouse élimée et cent fois reprisée.

Cette subtile ségrégation n'allait pas jusqu'à l'apartheid : quelques élèves très doués en sciences ont fait à la sortie du collège des parcours remarquables. A l'inverse, les cancres du lycée, beaucoup plus nombreux, ont dû se contenter d'une situation sans diplômes dans l'entreprise familiale, ou dans une administration bienveillante par son réseau de relations. Ceux ou celles qui s'étaient égarés au lycée en bravant le tabou de départ ont dû abandonner après le baccalauréat. Il y a des exceptions, quelques-unes prestigieuses, souvent citées au mépris des pourcentages.

Instituteur n'était sûrement pas une vocation, comme on le répétait alors machinalement, par analogie supposée avec les prêtres, mais une sorte de prédestination sociale. Un dispositif, qui n'aurait pas été aussi sophistiqué s'il avait été pensé à l'avance, permettait de sélectionner dans les classes populaires les éléments présentant le plus d'aptitudes pour enseigner à ces mêmes classes populaires. Dans l'école de mon village natal, tout jeune homme d'origine bourgeoise aurait fait figure d'extra-terrestre. Associant culture familiale et vernis d'instruction, dont j'ai essayé d'esquisser de quel bricolage il était le résultat, j'étais tout juste à la « bonne distance ». L'absence de confort ne me rebutait pas, même si je trouvais pénible, ayant à me lever la nuit en hiver, sous la pluie ou par -10° C, de traverser la cour pour aller dans ce qu'il aurait été tout à fait impropre d'appeler des « toilettes ». Je pouvais comprendre sans trop de difficultés, malgré des variations sensibles alors d'un village à l'autre, la plupart des expressions dialectales employées par les élèves (je me devais alors de les corriger) et leurs parents, ce qui était apprécié. On aurait en revanche trouvé de mauvais goût que je me laissasse aller à parler « patois » : l'instituteur se devait à la fois de parler le français réputé correct, en faisant attention, barrière subtile, à ne pas verser dans ce qui aurait été perçu comme du pédantisme, et entendre le « patois ».

Toute ascension universitaire relevait de l'exploit. Quelques instituteurs, au prix de nuits blanches et d'efforts méritoires, ont pu arriver jusqu'au professorat, niveau CAPES, et quelques-uns, si rares qu'on évoquait leur nom comme une légende, ont pu accéder à l'enseignement supérieur. Il leur fallait travailler sans assistance, puisque les universités ne dispensaient leurs cours qu'aux heures de classe, ruser avec les emplois du temps et les autorités académiques qui ne voyaient pas cela d'un œil très favorable. Il leur fallait trouver des complices pour la prise de notes, se procurer les polycopiés, accéder au prix de mille difficultés et rebuffades aux bibliothèques universitaires, etc.

Pourquoi faisaient-ils cela ? La plupart de ceux de ma connaissance, pour s'en sortir. Ils ne se voyaient pas toute leur vie dans un village pour finir dans une école de ville de province. Par ailleurs, ils supportaient assez mal cet air condescendant de la classe intellectuelle, ceux qui avaient eu la chance de naître au bon endroit. Certains, ironie de l'histoire, parvinrent au professorat de l'enseignement secondaire, alors que le professeur, par suite du phénomène de massification de l'enseignement, devenait à son tour objet de condescendance. D'autres encore parvinrent jusqu'à l'enseignement supérieur dans le grand remue-ménage des années 60, et traversèrent comme assistants la crise de 1968, découvrant alors qu'on échappe pas à sa caste, et que l'assistant est simultanément exposé aux dérapages des étudiants et au mépris des mandarins.

Je ne dirai pas tout ce que firent les instituteurs, du moins ceux que cet ostracisme culturel mettait mal à l'aise, pour se soustraire à leur position ambiguë. Du temps de la IIIe République, ils étaient, pour peu qu'ils sachent tenir la « bonne distance », des notables au village, et ils ne fréquentaient guère l'intelligentsia urbaine qui, d'ailleurs, les ignorait. Les temps changeaient, et les occasions étaient plus nombreuses, pour les uns et pour les autres, de faire quelques comparaisons désagréables. Certains devinrent des spécialistes de disciplines peu fréquentées, comme l'histoire ou la préhistoire locales, la faune et la flore de leur région. D'autres devinrent des conseillers expérimentés en matière d'agriculture — et ce n'était pas rien de se faire reconnaître par les paysans. Il y eut des chasseurs de renommée, des connaisseurs de champignons qu'on venait consulter de loin. Je parlerai plus longuement des perspectives nouvelles ouvertes par « l'éducation populaire », conception de la culture qui explorait les territoires laissés en friche par l'enseignement de la IIIe République.

Et la laïcité, dans tout ça ? Eh bien, justement, elle fut pour ceux qui restèrent en prise avec le terrain où régna si longtemps l'école, une sorte de boussole, dont ils avaient été équipés à leur insu, comme ces instruments nautiques que les marins savent fort bien utiliser sans connaître les principes scientifiques auxquels ils doivent leur efficacité. Elle était ce qui nous permettait de guider notre navigation à l'estime. De ce fait, elle apparaissait comme un « concept d'instituteur », et fut victime en contre-coup du mépris dans lequel la haute intelligentsia tenait le corps des instituteurs. Les laïques, depuis 1950 environ, ont la réputation d'être « demeurés », « dépassés », « attardés », etc. En résumé, idéologie simpliste pour gens simplistes. Les instituteurs étaient laïques comme on respire, c'est-à-dire : pour survivre ; les théoriciens ne pouvaient s'intéresser à quelque chose qui, de l'extérieur, apparaissait comme quelque peu archaïque, comme on me l'a souvent asséné. Résultat : aucune étude d'ensemble, scientifique et non polémique, ne fut consacrée au concept, à son histoire, ou à sa valeur opératoire comme praxis.

On y revient, maintenant qu'il est trop tard. Mais, entre-temps, l'instituteur a perdu à la fois de son aura, car il n'y a plus de villages, et de sa mauvaise réputation. C'est un salarié comme un autre, aussi mal payé, et, chômage aidant, de toutes origines sociales. Les intellectuels n'ayant plus grand-chose à se mettre sous la dent, car les-idéologies-sont-mortes, etc., tentent de retrouver à travers des écrits théoriques inexistants, ou des discours hagiographiques ou de dénigrement, le sens profond de ce concept. Débris des temps passés, je tente de glisser dans ce discours savant, mais pas assez, ce que je peux revisiter de sa mémoire. Retour, donc, aux souvenirs.

VIII

Premières interrogations (suite)

Comment apprendre à exercer la pensée critique hors de toute référence à la culture, et, plus généralement, à la vie ? Mais comment parler de la culture, sauf à la réduire aux temples, aux tombeaux et aux classiques, et de la vie non désincarnée en quelques prudentes abstractions, sans trahir les principes de neutralité de la laïcité ?

« Nous marchons sur des œufs, fils, m'avait dit le vieil instituteur. Apprends à te débrouiller avec l'histoire, elle est pleine d'enseignements et de ressources. Évite l'actualité, l'histoire contemporaine, tout ce qui fait problème en ce moment. Contente-toi de dire froidement ce qu'a fait ce salaud de Napoléon, c'est une bonne leçon, et qui respecte la vérité. »

L'histoire contemporaine, en 1950-1951, c'étaient les camps nazis dans toutes les mémoires, le spectre d'Hiroshima, l'affaire Rosenberg et le maccarthysme, le procès Kravtchenko et [illegible]ime stalinien, la guerre d'Indochine e[illegible]gue[illegible] de Corée. Excusez du peu. En art, une partie de l'intelligentsia française s'était ralliée au réalisme socialiste, doctrine esthétique difficile à apprécier en l'absence de textes de référence et de reproductions correctes. Le mot « réalisme » chatouille agréablement les oreilles de quelqu'un qui n'a connu que Zola, Flaubert et Maupassant, réputés « réalistes » (ô mes maîtres !), et le « réalisme poétique » du cinéma d'avant-guerre. Mais qu'est-ce qu'un réalisme « socialiste », même si, à l'époque, l'adjectif « socialiste », dans ses multiples acceptions, se porte plutôt bien ? De quoi être plus perplexe encore, en ces mêmes années : l'interminable débat entre partisans et adversaires des « théories » de l'académicien soviétique Lyssenko. Comment un modeste instituteur débutant pourrait-il s'y reconnaître en prenant connaissance d'arguments uniquement fondés à ses yeux sur l'autorité personnelle et la crédibilité des spécialistes ? En ne parlant de rien, disent les sages. Mais le silence dans le désarroi n'est pas vraiment une réponse : il faut, pour enseigner les choses simples, une certaine sérénité par rapport aux questions fondamentales. Nous étions au contraire profondément troublés, même ceux qui, peut-être pour faire face au désordre, affichaient des certitudes parfois contagieuses.

« Nous sommes en guerre, me disait un ancien condisciple, militant fervent du PC, rencontré quelquefois le jeudi en arpentant comme naguère la rue la plus animée du chef-lieu de département. Regarde autour de toi : guerres coloniales, régression sociale, contagion du maccarthysme, menace de guerre mondiale. Et tu veux rester neutre ? Qu'est-ce qu'un cadavre neutre ? Tu vas partir au service militaire. Es-tu sûr de ne pas te retrouver sur un champ de bataille aux antipodes (sur ce point, il avait raison, sauf que le champ de bataille auquel j'échappai de justesse se trouvait à nos portes) ? »

« Ne te laisse pas avoir, me disait un aîné. Sais-tu que les blindés soviétiques sont à trois jours de chez nous ? Tes questions aujourd'hui sont complètement dépassées. Ce n'est pas dans ton bled, ni dans le mien, que se joue le destin du monde. Cesse de ruminer dans ton coin, et viens avec nous. Tu sortiras un peu de tes histoires de curés, de bonnes sœurs et de hobereaux d'un autre âge. »

« Ne te mêle pas à tous ces bavards, tranchait un ancêtre. Ton boulot, c'est ta classe. S'il y a la Révolution ou la guerre, ils sauront bien venir te chercher. Moi, c'est pendant la Résistance que j'ai eu à choisir. Je n'ai d'ailleurs pas eu le choix : un jour, pour ne pas partir en Allemagne, je me suis retrouvé dans le maquis. »

J'écoutais et je discutais, passant d'une position à l'autre, choisissant d'instinct d'être en désaccord avec tout interlocuteur aux positions arrêtées. Mais ce n'était qu'une manière de ne pas céder à l'enfermement du village. De retour dans mon école glacée protégée par son rideau de sapins, j'avais peine à penser que le monde pouvait faire irruption ici, où tout était désespérément éternel.

Quoique mal informés, comme moi-même, mais autrement, les parents sentaient bien qu'il y avait du changement dans l'air, et certains me soupçonnaient de préparer à ma manière les lendemains radieux de la Révolution. En toute franchise, j'aurais aimé y contribuer, mais mes certitudes ne duraient jamais très longtemps.

Puisque la morale était terrain glissant, et se mettait très vite à ressembler à de la politique quand mes propos étaient déformés par la rumeur, ce qui était la règle, je pensai, comme je l'ai déjà dit, à ces formes les plus offensives de la culture qu'étaient l'art et la littérature. Le syndrome d'Hiroshima faisait que la science avait perdu une bonne part de son prestige. On parlait certes de raser les montagnes, d'irriguer les déserts, de trouver dans la mer de nouvelles sources d'énergie, de vaincre la famine et autres utopies, mais le savant était redevenu en partie l'apprenti sorcier qu'il était dans les romans d'aventures de ma jeunesse. Restaient, à mes yeux, l'artiste et le poète.

L'art était le grand absent. Le disque (le microsillon était sur le point de faire irruption sur le marché) était inconnu, à l'exception de quelques 78 tours passant avec des grésillements, sur d'antiques phonographes à aiguille, des opérettes, des chansons sentimentales d'avant-guerre, des histoires drôles, ou réputées telles. Je me souviens encore par bribes de chansons de Berthe Sylva, de Fréhel, d'autres dont j'ai oublié le nom, le titre et l'origine. Sur les marchés, on vendait les chansons, paroles et musique (mais on avait oublié de m'apprendre le solfège), qui avaient grand succès lors des banquets de baptêmes, première communion, mariages, réunions d'anciens combattants. Des grands musiciens, j'avais tout juste accroché le nom et quelques fragments pour chorales. Exit la musique pour incompétence.

J'étais plus tenté par le dessin et la peinture, sans doute à cause du souvenir des illustrations de mes livres de jeunesse. J'étais sans le savoir, et sans connaître leurs noms, un familier de l'univers de Gustave Doré, Robida, Gavarni, Grandville, Jouhanot. Je me souvenais surtout de mes visites au Louvre. Je rassemblais des reproductions disparates, certaines de très mauvaise qualité, et j'essayais, sans grand succès d'ailleurs, d'éveiller la curiosité de mes élèves face à la qualité d'un ciel ou le mystère d'une expression. J'avais même trouvé dans un placard un vieil appareil de projection à refroidissement par eau, et découvert qu'il se vendait des « films fixes » de qualité passable. Au bout de quelques minutes, malheureusement, l'eau se mettait à bouillir, et les fusibles sautaient. Il me fallait évidemment censurer les nus : les Tahitiennes de Gauguin avaient fait sensation. N'étais-je pas censé être celui par qui le scandale ne pouvait arriver ? Personne ne me parla de ce faux pas jusqu'au jour où un missionnaire (des « missions » séjournaient alors dans les villages et déployaient une activité intense de visites tous azimuts, de processions en tous sens dans la campagne, de séances à l'église, pour lesquelles on sollicitait d'ailleurs ma compréhension, puisque les enfants de chœur étaient fréquemment de service), venu me rendre visite, « sans espoir », dit-il avec jovialité, me confia qu'il était parfois difficile de supporter l'obscurantisme des campagnes. Admirateur de Rouault — que je découvris grâce à lui, il ne faut pas sous-estimer les missionnaires — il amena la conversation sur Gauguin.

« Mais comment faire comprendre, me dit-il, ces admirables tableaux de Polynésie, quand une simple affaire de vêtement peut choquer nos paysans ? »

Tiens !

« Et pourtant, continua-t-il, quelle belle leçon de spiritualité, même pour un athée, que cet admirable tableau qui a pour titre : *D'où venons-nous ? Que sommes-nous ? Où allons-nous ?* »

Ça, c'était pour moi.

Je n'avais pas de reproduction sous la main, sans quoi je me serais risqué dès le lendemain à une présentation de cette œuvre.

Ce passage par les œuvres n'était pas du goût de tous mes collègues. Les meilleurs instituteurs autour de moi étaient tous plus ou moins disciples de Célestin Freinet, ce remarquable pédagogue qui, contre la pédagogie officielle, avait imposé une organisation de la classe basée sur la liberté de l'élève, et sur sa participation au journal scolaire, grâce à l'imprimerie à l'école. J'admirais beaucoup Freinet, et j'étais tenté par ses méthodes. Cependant une polémique se développait en ces années entre Elise Freinet, femme et disciple du pédagogue, et certains universitaires, à propos de la spontanéité en matière de textes et de dessins que les « freinetistes » voulaient « libres », et dégagés de toute influence. Sans avoir d'idées bien arrêtées, ni les compétences scientifiques pour en juger avec sérénité, il me semblait que les enfants, sauf peut-être quelques individus d'exception, ne pouvaient en définitive qu'exprimer un univers intérieur déjà conditionné par l'environnement culturel. D'où ma conviction que je me devais avant tout d'élargir leur système de référence, et les mettre en contact avec des œuvres d'artistes, même religieux ou « bourgeois ». Je faisais d'ailleurs remarquer que les enfants des milieux favorisés, ayant à leur disposition un environnement visuel plus riche, seraient une fois de plus avantagés. On me répondait que l'univers artistique des classes dites « supérieures » était beaucoup plus pauvre que je voulais bien le laisser entendre. Bien entendu, nous n'avions, les uns et les autres, aucun moyen de trancher par l'expérience.

Je continuais donc de penser que la culture — mais, en fait, je n'avais guère réfléchi à ce terme, qui allait me mobiliser pendant de longues années — était le meilleur moyen d'exercer au plus large cette pensée critique qu'on nous demandait de développer dans un esprit d'abstraction. L'école avait été séparée de la religion, mais du même coup, on avait aussi écarté la culture et la vie.

Avec la littérature, les choses étaient à la fois plus simples et plus compliquées. Mais en elle résidait la solution. Du moins c'est ce que je croyais.

IX

Premiers tâtonnements

Un exercice tenait encore une grande place dans les écoles primaires vers 1950 : la récitation. On en a dit beaucoup de mal, et on a peu à peu tenté de le réduire à sa plus simple expression. La pratique en était tombée, dans mon environnement immédiat, à un niveau consternant. Les élèves résumaient inconsciemment l'état des lieux en appelant sans malice « auteurs de récitations » tous les poètes, anciens ou modernes, les prosateurs étant classés pour leur part comme « auteurs de dictées ». Des manuels proposaient des recueils qui mêlaient le moyen et le pire. Le pire, à mes yeux, c'était la cohorte de poètes aujourd'hui oubliés, choisis en raison de la prétendue valeur « morale » (Sully Prudhomme, néanmoins prix Nobel), narrative (François Coppée), descriptive (Jean Richepin), de leurs textes. De temps en temps, se glissaient dans les rangs de ces pesants légionnaires en marche quelque fantôme au pas plus léger : Paul Verlaine, Baudelaire, Jean Moréas, et même Arthur Rimbaud, dont *Le dormeur du Val* avait trouvé grâce aux yeux des moins sévères. Bien entendu, il fallait compter avec l'incontournable Victor Hugo, pas toujours le meilleur, hélas !

La récitation était, aux yeux de ses derniers défenseurs, uniquement un exercice de mémoire. L'élève interrogé, raide, les mains derrière le dos, régurgitait d'une voix monocorde ou légèrement chantante le texte imposé, puis regagnait sa place. J'avais remarqué auprès de mes aînés que les textes ainsi appris pendant l'enfance étaient quasi indélébiles, et qu'on pouvait les réciter pratiquement pendant toute la vie. Je me disais que c'était dommage qu'un enfant fût condamné à traîner jusqu'à la fin du siècle de tels textes, et qu'on pourrait peut-être substituer à ce répertoire usé jusqu'à la corde un répertoire nouveau.

Je pensais, avec quelques efforts, pouvoir améliorer la posture du corps, le débit de la voix, la sincérité des intonations, tout cela sans tomber dans le cours de conservatoire, ni l'explication de texte fastidieuse. J'avais raison : les enfants prirent goût à cette petite représentation théâtrale que devenait une simple récitation de poème, ou simplement d'un texte en prose bien rythmé. Lisant ensuite leurs propres textes (je faisais lire les « rédactions » à haute voix, vieux truc ramassé auprès d'un collègue comme tout ce qu'on apprenait alors en pédagogie), ils sentaient bien que ce n'était pas aussi facile de respirer qu'avec un passage de Maupassant ou de Mérimée.

Restait le répertoire. Je n'avais moi-même, comme je l'ai expliqué, qu'une culture limitée. Je n'avais pas assez confiance en moi pour adopter un poème lu seulement deux ou trois fois : c'est ainsi qu'on introduit Jean Richepin et autres Maurice Carême dans le circuit redoutablement durable de la poésie scolaire. En attendant, je revins aux poètes de ma jeunesse, Prévert, évidemment, et les poètes que je connaissais pour leur participation à la littérature de la Résistance. Pour ces derniers, ce n'était pas trop risqué : personne n'osait contester la Résistance, et moins que quiconque les anciens collaborateurs ou trafiquants de marché noir. Comment refuser *Liberté*, de Paul Eluard, ou *Celui qui croyait au ciel et celui qui n'y croyait pas*, de Louis Aragon, tout communistes qu'ils fussent ? Quant à Péguy *(Présentation de la Beauce à Notre-Dame de Chartres)*, il suscita étonnement et méfiance.

Pour Prévert, c'était plus délicat. Je me risquai à faire apprendre cet admirable poème qu'est *Barbara*. Au moment de dire : « *Quelle connerie la guerre* », expression si juste dans sa simplicité, les élèves, pourtant habitués, portaient leur main devant leur bouche, comme lorsqu'on laisse échapper une sottise.

« Fais comme moi, supprime ce vers, c'est le seul qui gêne », me dit un ami qui avait lui aussi tenté l'expérience, avec quelques conséquences désagréables.

Censurer Prévert ? J'en aurais été malade.

Laisser cette expression à la fois vigoureuse et bénigne, c'était à coup sûr contrevenir aux règles de la laïcité consensuelle : plus d'un père de famille trouvait que « le jeune maître y allait un peu fort » pour ne citer que les expressions les plus modérées.

Couper le mot litigieux, c'était contrevenir tout autant aux règles de la laïcité : une œuvre ne peut être arrangée selon le bon vouloir des bien-pensants.

Restait la solution la plus simple : laisser *Barbara* au placard dans l'attente de jours meilleurs. Malheureusement, c'est cette solution qui était le plus souvent adoptée, et Prévert n'en était pas seul à en souffrir.

Je fis bien de tenir bon : les réactions au grand jour furent modérées et il me revint aux oreilles plus de chuchotements que de cris.

Je pris l'habitude, que j'ai gardée longtemps au point d'en faire une manie, de noter au cours de mes lectures tout ce qui pouvait devenir matière à récitation, à exercice d'orthographe ou de vocabulaire, à document d'histoire et de géographie. Une hantise. Les fiches s'accumulèrent : poèmes, extraits, références, phrases présentant une particularité syntaxique, et bientôt, articles de journaux sur l'actualité scientifique et technique. Plus tard, j'en vins à ignorer complètement les manuels.

La même obsession me poursuivit en photographie quand je me mis sérieusement à en faire. C'était déjà plus tard, mais nul doute que la maladie contractée en cette première année, au contact des élèves et sous la surveillance lointaine de l'opinion publique, n'y soit pour quelque chose. Plutôt porté par tempérament à la photo fondée sur l'organisation des formes et les dégradés insensibles, proche de l'abstraction, je réalisais simultanément des photos strictement documentaires, susceptibles d'illustrer telle leçon d'histoire, de géographie, ou de sciences naturelles, d'autant plus que la diapositive couleurs, précieux auxiliaire de la parole, prenait son essor en ce début des années 50.

Je sentais venir déjà la déformation professionnelle. J'allais devenir l'instituteur qu'on repère de loin, parce qu'il explique posément, et un peu lourdement, comme s'il avait en face de lui son public enfantin, qui ne discute jamais (qui ne discutait jamais), mais dont l'attention faiblit si vite. Tout devient alors simple et explicable. Le savoir des manuels est épuré et illuminé par la raison, les grandes découvertes scientifiques sont ramenées à des principes simples, les progrès de l'humanité sont irrésistibles. Une ombre au tableau en ce milieu de siècle, immense pour ceux qui la perçoivent : Hiroshima, le mystère et la menace. Le mystère, parce que la science qui maîtrise l'énergie nucléaire est inaccessible à l'entendement commun ; la menace, parce que l'affrontement nucléaire entre les deux moitiés du monde est, semble-t-il, de l'ordre de l'inévitable. Les savants apparaissent comme les grands responsables, d'autant plus qu'ils vont jusqu'à s'accuser eux-mêmes.

Seul dans son village, au mieux en contact avec quelques collègues, l'instituteur, selon son tempérament, se laisse aller à prédire l'apocalypse ou le meilleur des mondes. De toute façon, on l'écoute respectueusement. S'il se laisse aller aux délires de la solitude, ou à la jouissance de son minuscule pouvoir, il risque de perdre la mesure du monde.

Cette solitude finissait par nous peser. Le système avait fait de nous des robinsons de la pédagogie. L'administration était lointaine, plutôt bienveillante, mais bien décidée à n'intervenir que dans les cas extrêmes. L'inspecteur primaire ne faisait que des passages espacés, dispensant des conseils sans rapport avec nos interrogations. Les journaux n'arrivaient pas au village, sauf le journal local, avec ses annonces de naissances, de mariages, d'enterrements, ses comptes rendus de banquets, ses commentaires ampoulés sur de menus événements de la vie locale. Le téléphone ne s'employait que dans les cas graves, pour appeler le médecin ou annoncer une nouvelle d'importance, généralement mauvaise. On ne connaissait qu'indirectement les revues, dont le prix décourageait à l'avance toute velléité d'abonnement. Les libraires affichaient bien à l'entrée de leur magasin encombré quelques-uns des livres récemment sortis, mais nous n'avions aucune raison, en l'absence d'information, d'acheter tel livre plutôt que tel autre, puisqu'il fallait bien choisir. Nous revenions donc aux bons vieux classiques du XIXe siècle, à la rigueur du début du XXe siècle, aux valeurs sûres ou présumées telles. Des romanciers plus récents avaient percé le mur du silence : Sartre et Camus, déjà connus à l'école normale, Vercors, grâce au *Silence de la mer*, Malraux, avec *La condition humaine*, Mauriac (je ne sais plus comment *Le nœud de vipères* m'était tombé entre les mains), Aragon *(Les beaux quartiers)*, et surtout Saint-Exupéry, qu'il était convenu de n'appeler que Saint-Ex, et qui avait la double auréole de héros de l'aviation et de virtuose de l'écriture. Tous ces auteurs, on l'a noté, étaient déjà célèbres en 1950, et Saint-Exupéry était mort en mission au-dessus de la Corse en 1944, ce qui ajoutait à son prestige. Si l'école primaire peut se définir par les auteurs emblématiques qu'elle a successivement promus, je pourrais définir les années de mes débuts comme « les années Saint-Ex ». Tout y était : l'épopée de l'Aéropostale, l'exotisme, le désert, l'empire colonial, un style d'écriture, le souvenir de la guerre toute proche.

Seule, la radio, par la magie d'un énorme poste à lampes, où la recherche des stations relevait du grand art, nous permettait de vivre un peu au rythme de la France, avec ses jeux radiophoniques de la même veine que nos jeux télévisés d'aujourd'hui, et surtout les chansons : la génération des chanteurs des années 50 faisait ses débuts. Le bruit et la fureur du monde arrivaient à nos oreilles alors que nous parvenait de la route le grincement d'une charrette antique, et qu'un unique morceau de pain dur attendait pour le lendemain le passage du boulanger.

On comprend qu'il n'est pas si facile, dans ces conditions de pénurie culturelle, d'accéder aux sources, et de renouveler son répertoire, comme on le dirait d'un chanteur ou d'un comique. Ce qui nous inquiétait, ma femme et moi, ce n'était pas d'avoir à nous en tenir aux mêmes textes de base — encore que la répétition annuelle des mêmes dictées, des mêmes problèmes, des mêmes textes de vocabulaire, des mêmes leçons d'histoire à la même époque de l'année, dont semblaient s'accommoder nos collègues plus anciens, était une perspective terrifiante — c'était de nous sentir dans une île à l'écart des grandes voies de communication. Et nous nous posions la question : un bon instituteur doit-il être aux aguets des changements dans le monde, quitte à ne les transmettre que par d'infimes signaux, ou doit-il se réfugier dans les quelques principes éternels légués par les pères fondateurs de la République ? Question suivante, inévitable : à quoi sert l'école ?

Aux parents du village, la question aurait paru bizarre. La réponse allait de soi : l'école sert à préparer le certificat d'études primaires, acte initiatique de première importance. Ceux qui n'avaient pas besoin du certificat, examen tout à fait superflu pour le travail de la terre, se glorifiaient de leur réussite bien des années après. Deux ou trois gloires locales avaient même été en leur temps « premier du canton ». Le certificat, de notre temps, expliquaient-ils ensuite durant toute leur vie, était bien plus difficile que le baccalauréat aujourd'hui. Pour les filles, le certificat était rigoureusement sans importance, aussi mes collègues « les sœurs » s'abstenaient-elles prudemment de présenter les sujets qui n'étaient pas absolument sûrs, ce qui améliorait d'autant le pourcentage des réussites. Ceux pour qui les parents ambitionnaient une place de facteur ou de gendarme avaient impérativement besoin de réussir à l'examen. Ceux qui allaient en sixième contournaient la difficulté... mais passaient quand même le certificat (« on ne sait jamais », disaient les parents). Pour l'instant, personne ne manifestait le désir d'aller en sixième ; il me faudra plus tard mener de vraies batailles pour convaincre les parents de donner une chance à un enfant éventuellement capable d'aller au moins jusqu'au brevet.

La préparation du certificat était une course particulièrement fastidieuse qui consistait, six mois avant la date fatidique, en un entraînement intensif en matière d'orthographe et d'arithmétique. Dictées et problèmes des années précédentes étaient réunis en « annales », comme pour tous les examens, et permettaient à la fois d'entretenir la forme et de mesurer les performances. Le reste consistait en apprentissage de dates, de longueurs de fleuves, de populations de villes, le tout devant être restitué le jour de l'examen avec le minimum de rédaction. Toute la France, jusqu'à une certaine époque, a pu ainsi retenir de façon indélébile quelques dates devenues emblématiques de l'identité française, même si les historiens nous ont révélé depuis, pour prendre l'un des exemples les plus célèbres, que la bataille de Poitiers en 732 n'avait pas vraiment été une bataille, qu'elle n'avait pas eu lieu à Poitiers, mais dans les environs, et qu'elle n'avait rien eu de décisif. L'orthographe, épreuve éliminatoire, était particulièrement redoutée. J'ai pu vérifier plus tard qu'elle ne résistait guère à l'usure des ans, y compris pour ceux qui avaient pu éviter le couperet des cinq fautes : rencontrer un ancien élève, même de bon niveau quelques années après la sortie de l'école, était pour un instituteur une épreuve douloureuse. Je n'en savais rien en cette première année, mais je n'ai jamais eu l'impression que la préparation du trop fameux « certificat » nécessitait une pédagogie subtile ou des connaissances étendues. J'aurais donc pu couler des jours tranquilles.

Pour les fondateurs de l'école laïque, les ambitions étaient plus diversifiées et plus subtiles. Dans mes essais de lecture des textes qui subsistaient encore sous une forme accessible, je retrouvais une ambition dans le droit fil des philosophes du XVIIIe siècle, une volonté d'émancipation de l'esprit par la connaissance et l'exercice de la pensée critique. J'avoue, même si cela paraît aujourd'hui terriblement archaïque, que j'y croyais profondément.

D'autres visées, toujours exprimées plus en sourdine, me semblaient plus douteuses. Encore que le patriotisme se portât assez bien en ces années suivant de près la défaite allemande, les plus patriotes étant souvent ceux qui avaient le plus à faire oublier, le dessein manifestement patriotique et impérial de Jules Ferry ne m'était pas très sympathique. Question de génération. La France de 1882 voulait effacer l'humiliation de la défaite de 1870 et le traumatisme de l'annexion par Bismarck de l'Alsace-Lorraine. Vieilles images d'enfants pratiquant des exercices militaires dans la cour de l'école, chansons se perpétuant de cérémonie en cérémonie, manuels de morale, témoignaient encore, dans les armoires et dans les têtes, de ce vieux réflexe militariste. La France de 1950 venait de subir deux guerres mondiales. Mon père, parti à dix-huit ans pour la première, était reparti à quarante et un ans pour la seconde. J'avais vécu les alertes, les bombardements, l'occupation au plus intime du foyer, le retour de mon père prisonnier. Je haïssais la guerre. A la différence de 1871, la France pouvait se croire victorieuse, et n'avait pas d'idée de revanche à entretenir. Elle entretenait même une guerre coloniale lointaine. Je ne me sentais pas porté à encourager les exploits guerriers qui envahissaient les manuels. Disons que j'étais — le mot n'était pas encore devenu une insulte, ou alors, on ajoutait « bêlant » — un pacifiste. Et, en tout cas, un pacifique. Et un pacifique qu'on ne provoque pas ne se sent jamais conduit à chanter, comme dans les manuels qui devaient accompagner ma démarche, la gloire des enfants qui se font tuer à quinze ans en criant : « Vive la France. » Je n'avais à manifester aucune indiscipline : personne ne me le demandait. Mais j'étais troublé de constater que les plus solides défenseurs de l'école laïque avaient pu avoir pour devise : « Par le livre et par l'épée. » Le livre, oui.

Sans renier la force, la puissance et la créativité des passions humaines, d'autant plus facilement que la raison glacée avait cessé d'être un credo, j'adhérais sincèrement au projet d'émanciper l'esprit par la connaissance et l'exercice du raisonnement. Les vertus militaires ne me semblaient guère en harmonie avec ce projet utopique. Une autre visée des pères fondateurs était la formation du citoyen. J'aurais bien aimé, la citoyenneté me paraissant être la face éclairée du patriotisme. Malheureusement, les programmes d'instruction civique, modeste enseignement, nécessaire, mais dérisoire par rapport à son propos initial, du fonctionnement des institutions de la République, ne répondaient pas aux ambitions d'origine.

Entre les parents qui ne croyaient qu'au certificat d'études, Jules Ferry qui rêvait de citoyens éclairés mais vigilants, la pression insidieuse de la doxa villageoise, et mes propres aspirations, il me fallait bien, au centre de ce carré propice aux turbulences, bricoler mon propre système.

X

Premières « théories »

Je n'aurais pas pu formuler, dans le courant de 1951, les idées qui m'agitaient de façon désordonnée, au hasard des lectures (j'avais le temps de lire, dans ce désert), des conversations (si rares), des réussites (encore plus rares), des déconvenues (fréquentes). En tentant de les formuler quarante ans plus tard, dans une autre planète, avec le soutien d'une mémoire qui a bien perdu de sa fiabilité, en y intégrant malgré moi toutes mes désillusions ultérieures, je sais que je reconstruis autre chose, que je projette sur ce jeune homme bon nombre de réflexions qui lui étaient étrangères. Mais je ne peux pas accepter l'idée que ce jeune homme n'était pas moi, qu'il n'avait pas dans un coin de son esprit ce qui va faire la substance d'une vie. Au moins, j'aurai prévenu.

La table de la cuisine, tirée aussi près que possible de la cuisinière bourrée de charbon incandescent, éclairée par la lumière parcimonieuse d'une ampoule, est le seul espace hospitalier de la grande maison glacée. Dans la classe, au-delà du couloir, une légère couche de glace se forme sur l'eau du récipient qui reste en permanence sur le poêle pendant la journée. Le vent souffle dans les sapins de l'autre côté de la route, déserte jusqu'au matin. Une porte des « cabinets » bat violemment. Pour aller la fermer, il faut s'habiller comme pour une expédition. Alors, qu'elle batte.

Au milieu de la table, nos deux piles de cahiers, assez vite corrigés, car nous en avons seulement quinze chacun. C'est l'heure des livres, avec, à portée de la main, un crayon et des fiches de carton, pour noter les trouvailles, ou n'importe quoi. Souvent n'importe quoi. De temps en temps, nous échangeons quelque sentence qui nous paraît bien frappée, ou un poème (« qu'en penses-tu, pour le CM, ou pour le CE1 » ?). Je lis du Jules Ferry, que j'abandonne volontiers pour son contemporain, l'autre Jules, Jules Verne. Je mélange tout, Platon et Marx, Hemingway et Saint-Exupéry, Romain Rolland et Georges Duhamel, André Gide et Jean Giraudoux, Roger Martin du Gard et Alexandre Dumas, Stendhal et Fenimore Cooper, Diderot et Bougainville (le second à cause du premier), Roger Vailland et Rabindranath Tagore, Jean-Richard Bloch (qui se souvient de *La nuit kurde* ?) et Guy de Maupassant. Je continue de lire les récits de voyage du XIXe siècle, et presque honteusement, les livres d'aventures. Je mets la main sur *La généalogie de la morale*, de ce même Nietzsche découvert par hasard dans la bibliothèque de l'école normale. Mais Nietzsche avait alors mauvaise presse, pour avoir prétendument inspiré le nazisme : je passai au large, et n'y revins que vingt ans plus tard. C'est ainsi qu'on perd du temps. Je découvre cette année-là la littérature russe, Tolstoï et Dostoïevski, Gogol et Tourgueniev, la trilogie de Maxime Gorki, et Tchekhov, encore un de mes auteurs préférés. Dans la foulée, j'aborde la littérature soviétique, *La jeune garde* (Fadeev), *Et l'acier fut trempé* (Ostrovski), *Un homme véritable* (Polovoï). Cela me conforte dans mes incompatibilités d'humeur : je n'aime pas les héros, ni les actes d'héroïsme.

Je commence à connaître l'environnement de mes élèves, l'inconfort, pire que le nôtre, dans lequel ils vivent. Le même dénuement culturel que dans mon enfance, mais avec encore moins de chances de s'en sortir. Je découvre que mon village natal, à proximité de la ville, où je n'allais pourtant jamais, était malgré tout un lieu de passage, que des citadins y venaient en vacances ou pour leur retraite. Ici, c'est le bout du monde. Je découvre aussi que les ouvriers n'ont pas le même rapport au monde que les paysans. Quelques-uns ont bourlingué, ils aiment raconter, peut-être en rajouter, mais ce qui compte, c'est le verbe. « Il cause bien », chez moi, c'était un compliment. Ici, c'est une tare. On aime le silence. Ou alors, on parle de « l'ancien temps ». Je me demande ce que c'était que l'ancien temps, moi qui ai eu le sentiment de retourner un demi-siècle en arrière. Je me crois au bout du monde, mais ces paysans savent confusément ce que je ne sais pas : ils vivent la fin d'un monde. Ils ont mieux que moi décrypté les signes de la mécanisation, et appris des nouveaux interlocuteurs qu'ils rencontrent dans les foires traditionnelles.

Les enfants ne savent pas. Autour d'eux, on parle peu, on ne lit pas, si ce n'est le journal local, qui doucement, le soir, tombe des mains, car la journée a été dure. La vie politique se ramène à quelques brefs commentaires désabusés. Les femmes, dans la journée, écoutent la radio, en sourdine. Les seuls moments de rencontre sont les travaux collectifs, dont certains se poursuivent tard en veillée. C'est le moment des récits de guerre, de service militaire, des histoires déjà mille fois racontées qui ont pour héros involontaire un habitant du village à qui il en est arrivé une bien bonne. D'autres histoires, plus salaces, sont évoquées à mi-mot. Les enfants sont censés être couchés, mais ils ne perdent rien.

Le soir, le jeudi, alors jour de repos hebdomadaire, pendant les vacances, ils travaillent. Ils se créent un univers, s'initient peu à peu à la vie d'une communauté. Ils savent, de la nature, des animaux, des plantes, et souvent des hommes des choses que j'ai oubliées, ou que je ne saurai jamais. Ils sont préparés à vivre là où ils sont. L'autre monde, celui des villes, des industries, ils le connaissent à peine. Je sais aujourd'hui que la plupart étaient destinés à y vivre, et qu'ils n'ont pas pu vraiment en être.

L'école, dans leur vie, représente un lieu à l'écart, une sorte de robinsonnade. Il faut y aller, on y va. Il est entendu que c'est là une épreuve indispensable. « On n'en sait jamais trop », disent les parents qui n'en pensent pas un mot. On admire celui qui a eu son certificat d'études, celui qui était « bon en orthographe », un oiseau rare, celui qui était « bon en calcul ». Les femmes se taisent. Ce sont pourtant elles qui tiennent les comptes. Car il faut tenir des comptes plus complexes que jadis : fermage ou métayage, engrais, prévisions pour l'achat d'un appareil plus moderne pour la cuisine, ou pour le travail des champs.

« Qu'est-ce qu'ils en ont à faire, de Baudelaire ou de Prévert ?, me souffle un collègue qui a créé avec succès une section "cours agricoles pour adultes", qu'il dispense dans sa classe deux soirs par semaine, avec l'aide des services départementaux de l'agriculture. Il n'y a que les vaches et le blé qui les intéressent. Garde Prévert pour toi, et entre dans leur vie.

— *Tous ces accessoires,* déclarait Jules Ferry à nos ancêtres les "hussards noirs", *que nous groupons autour de l'enseignement fondamental et traditionnel du "lire, écrire, compter", les leçons de choses, l'enseignement du dessin, les notions d'histoire naturelle, les musées scolaires, la gymnastique, les promenades scolaires, le travail manuel de l'atelier placé à côté de l'école, le chant, la musique chorale, pourquoi tous ces accessoires ? Parce qu'ils sont à nos yeux la chose principale, parce qu'en eux réside la vertu éducative, parce que ces accessoires feront de l'école primaire du moindre hameau, une école d'éducation libérale.*

— Il était bien obligé de dire ça, ripostait le prédicateur agricole. Tu en fais, toi, des promenades scolaires ? Où est-il, ton musée scolaire, à part tes quelques fossiles ? Quant à l'atelier, parles-en à ton maire, pour voir. Laisse donc Jules Ferry reposer en paix, et dis-toi que pour des paysans, il faut un enseignement de paysans... Tu me regardes comme si je les méprisais ? Tu te trompes : je veux leur bien.

— Et s'ils ne sont pas paysans, plus tard ?

— Alors, apprends-leur à réparer des machines... si tu peux.

— Je n'enseigne pas dans un centre d'apprentissage, ni agricole, ni industriel. Je suis là pour former des hommes... et quelques femmes.

— Attends d'avoir pris quelques claques, concluait le vétéran » (qui avait bien six ans de plus que moi).

Je sentais bien qu'il n'avait pas tout à fait tort. J'étais naturellement persuadé d'avoir raison. Le soir même, je recherchai un passage de Molière, qui me trottait par la tête. Chrysale, dans *Les femmes savantes*, osait ainsi, pour une fois, apostropher Philaminte :

> « *Il n'est pas bien honnête, et pour beaucoup de causes*

Qu'une femme étudie, et sache tant de choses.
Former aux bonnes mœurs l'esprit de ses enfants,
Faire aller son ménage, avoir l'œil sur ses gens,
Et régler la dépense avec économie
Doit être son étude et sa philosophie. »

Ce que Chrysale pensait des femmes s'appliquait au fond aux paysans, dans l'argumentation de bon sens de mon collègue : il suffit qu'ils sachent lire, écrire et compter, avec en plus quelques notions d'économie rurale. Je n'ignorais pas que si on sait seulement lire, écrire et compter, les apprentissages de départ ne sont quelques années plus tard qu'à l'état de vagues souvenirs : ce n'est pas par hasard si je les retrouvais à l'âge du service militaire toujours capables de compter, car la vie se chargeait d'entretenir leur savoir arithmétique, mais déchiffrant avec peine un texte simple, faute d'entraînement. L'important, c'était le droit, donc la possibilité intellectuelle, de choisir. Comment choisir quand on ne connaît rien et quand on n'a jamais pu accéder au plaisir de savoir ?

Mais je voulais aussi qu'ils sachent tout sur les engrais, puisque la mode était alors aux engrais. Casse-tête. D'autant plus que je ne savais pas grand-chose sur les engrais.

Je n'aimais pas les héros, mais je cherchais des modèles. Vercingétorix, Jeanne d'Arc, Napoléon, qui revenaient de tous les côtés tout au long de la scolarité primaire, n'étaient à mes yeux que des figures embaumées, enrobées de mythologie, et à la base d'une gigantesque mystification. Mais les enfants aimaient les belles histoires, les destins hors du commun. Où trouver ces figures exemplaires et non mystificatrices dans une histoire pleine de bruit et de fureur, où l'on n'était rien si l'on n'était pas général victorieux ou monarque absolu ? Il y avait bien de-ci, de-là, quelques savants. Le savant, qui n'était pas encore banalisé en chercheur, avait, je crois, gardé une bonne part de son prestige « IIIe République » aux yeux des instituteurs de ma génération. Mais Hiroshima était passé par là. Le savant devait être de son temps, ce que n'étaient pas souvent les savants distraits de Jules Verne, et capable de résister aux pressions du pouvoir et de l'argent. On a compris qu'il devait être un saint, espèce rare, même en religion. Inutile de dire que, cinq ans seulement après la guerre, les scrupules d'Einstein ou d'Oppenheimer n'étaient pas arrivés au fond des provinces françaises. Les aurais-je connus qu'il m'aurait fallu les taire, sauf à passer pour un agent de Moscou.

Je recherchai alors des documents sur la véritable histoire d'un personnage assez lointain dans le passé pour n'inquiéter personne, dont j'avais entendu parler en plusieurs circonstances de ma scolarité, à cause d'une citation célèbre : « Et pourtant, elle tourne. » Pour aller plus loin que les notices de dictionnaire, en ces années sans minitel, et surtout sans bibliothèques à jour et pourvues d'un fichier consultable à partir d'un nom ou d'un thème, il fallait déployer des efforts dont on n'a pas idée aujourd'hui. Je finis par reconstituer l'histoire de Galilée. Le personnage me plut. Non seulement, il avait fait faire à la science un bond considérable, mais il avait été victime de la Sainte Inquisition, se heurtant à cet obscurantisme que j'étais obligé d'aller chercher très loin pour le combattre tout près. Je l'approuvais d'avoir préféré se rétracter plutôt que de rôtir sur un bûcher, ce qui me semblait une preuve d'humanité. On préférait alors les héros qui se font tuer sans desserrer les dents. S'agissant de résistants, qui avaient refusé de parler sous la torture pour sauver des compagnons d'armes, l'acte me semblait digne d'éloge. Mais je n'étais pas sûr d'être de ceux qui en auraient été capables. La question n'était pas académique, ni complètement abstraite : des voisins ou parents de deux ans mes aînés avaient été entraînés par hasard ou par romantisme dans la Résistance, et avaient été torturés et fusillés. L'un d'entre eux, simple agent de liaison occasionnel, avait vraiment refusé de parler, comme l'ont affirmé des témoignages irrécusables. C'était un garçon que rien ne distinguait, si ce n'est son habileté à dénicher les oiseaux. Qu'aurais-je fait ? La question m'a poursuivi longtemps, et je me fabriquais des « petits romans » dans lesquels, invariablement, je parlais, mais en racontant des mensonges qui me sauvaient la vie et celle de mes compagnons. Ayant eu très peur sous un bombardement, je savais que mon courage avait des limites. Difficile dans ce cas de vanter le courage. Je n'étais capable que de dénoncer les bombardements et la torture, sûr au moins que j'étais de ne pas en vouloir pour moi-même. De ce temps-là, il me reste une répulsion extrême pour ceux qui, à l'abri, justifient les actes de guerre. On devine que la suite de l'histoire allait rendre ma position plus qu'inconfortable, en tout cas minoritaire. Étais-je alors en mesure d'enseigner une morale où chaque événement historique me donnait tort ? Une consolation : Galilée avait été plus qu'un minoritaire, il était seul.

Au risque de perdre toutes les illusions sur la dignité de ma charge, je dois reconnaître que tous ces scrupules étaient une sorte de luxe.

Les parents voulaient essentiellement que leurs enfants, surtout les garçons, fussent admis au certificat d'études. J'ai dit pourquoi : question de prestige au village, meilleur accès à un emploi public dans quelques cas. Leur morale se résumait à taire le maximum de choses, de la sexualité en tout premier lieu, mais à partir de dix-douze ans, les garçons n'ignoraient plus grand-chose, car ils avaient leurs voies d'accès au savoir, ce que les parents, qui étaient passés par là, faisaient semblant d'ignorer. Deuxième principe : ne pas parler de politique, domaine d'ailleurs imprécis et toujours à la merci d'une définition polémique. Là, l'ignorance durait parfois toute la vie. Tout instituteur savait qu'il y avait là deux tabous à respecter. Après tout, il n'est pas si difficile de se taire. Quant au certificat, c'était une affaire de dictées et de problèmes, de dates et de noms de lieux ou de personnages historiques à apprendre par cœur. On retrouvait bien Napoléon aux Thermopyles, ou le Parthénon en chef-d'œuvre d'art roman ; la température du corps humain était parfois confondue avec celle de l'eau bouillante, et notre Empire français empiétait dangereusement sur celui de nos rivaux britanniques, mais le jury bon enfant limitait les dégâts en reconnaissance d'un moment de détente. Seule la dictée faisait régner la terreur, et valait à quelques candidats malheureux de mordre la poussière.

Et l'administration ?

L'administration, représentée par un inspecteur primaire responsable d'une vaste circonscription, était lointaine et plutôt bienveillante. L'inspecteur passait auprès d'un maître une demi-journée tous les deux ans environ. Au cours de cette première année, je ne l'ai vu qu'au début, à l'occasion du CAP (certificat d'aptitude pédagogique), épreuve pratique de l'examen de sortie de l'école normale. En général, il augmentait la note professionnelle d'un demi-point, sauf extrême mécontentement, et donnait, oralement, puis par écrit, quelques conseils plus ou moins utiles selon sa personnalité. En cas de grave difficulté, il était le recours. Il faut savoir qu'après titularisation, un instituteur, comme la plupart des fonctionnaires, ne pouvait être sanctionné, c'est-à-dire déplacé, que pour faute très grave. Un complot bien monté pouvait néanmoins avoir raison de lui, mais les exemples étaient rares, et les raisons toujours extra-professionnelles. Dans les régions où la guerre scolaire allait bien au-delà du folklore, des instituteurs ont, de guerre lasse, demandé leur mutation pour échapper à ce qui ressemblait fort à une persécution. Leurs qualités professionnelles n'étaient nullement en cause : ils étaient souvent parmi les meilleurs, et victimes de leur dévouement à l'école laïque. L'administration, dans les quelques cas que j'ai connus par témoignage direct, les a plutôt soutenus, sans trop se compromettre, évidemment.

Je sais qu'il ne faut jurer de rien, et surtout ne pas sous-estimer le déchaînement des passions, mais mon village, pour arriéré qu'il fût à certains points de vue, n'était pas de taille à entretenir une cabale de ce genre. Mais on ne sait jamais.

Donc, les parents ne me demandaient pas la lune, l'administration était pleine d'indulgence pour ma jeunesse, et le premier magistrat de la commune craignait plus un éventuel militantisme politique que mes initiatives en matière de pédagogie. Pourquoi diable me posais-je tant de questions ? J'aurais pu, somme toute, vivre tranquille, lire pour mon compte, et ne pas me préoccuper outre mesure de l'élévation du niveau culturel moyen. Aujourd'hui, à l'heure, sinon de la sagesse, du moins des désillusions, je me demande encore ce qui me faisait courir.

« Nous répandrons en France la lumière et la vérité », fredonnait dans ma mémoire un lambeau de chanson des temps héroïques.

« Là où la chèvre est attachée, il faut qu'elle broute », rappelait ma grand-mère à tout propos.

« *Le rôle le plus haut, le plus noble dans une démocratie naissante est celui de l'instituteur primaire, si pauvre, si méprisé, qui est chargé d'instruire les humbles, d'en faire les futurs citoyens heureux, les constructeurs de la cité de justice et de paix* », proclamait Zola dans *Vérité*, son dernier roman.

« On ne te voit pas à la chasse, à la pêche, à la cueillette des champignons, me reprochaient des collègues qui profitaient des joies de la campagne. Sais-tu qu'autour de chez toi, c'est le paradis ? »

Je le savais, mais cette conception laïque du paradis me paraissait aussi ennuyeuse que l'autre. Plus tard, je me suis laissé aller à braconner dans la rivière, comme du temps de mon enfance, pour faire plaisir à des gens du village. Je suis allé aux champignons, mais je n'ai jamais osé manger ceux que je cueillais seul. J'entends bien que c'était là une façon de se mêler intimement à la vie locale, une forme de participation à une culture. C'était en tout cas pour un instituteur un moyen d'acquérir un ascendant dans le village. Peut-être aurait-il fallu en passer par là pour remplir l'ambitieux programme de Zola. Mais je préférais l'enseignement des livres, ce qui me fut souvent reproché pendant mes années d'enseignement : « La vie n'est pas dans les livres », m'a-t-on répété de partout. « La culture, disais-je, avec mon entêtement de semi-autodidacte, c'est la vie en plus. Les livres, c'est l'expérience des autres. Je vis en vivant, en me cultivant, je vis mieux. » Je mesure tout ce que ces propos ont de terriblement archaïque à la fin de ce siècle, mais je parle d'un passé irrémédiablement mort.

XI

Première immersion

On nous l'avait assez dit : l'instituteur doit être immergé dans son milieu. Sinon, il reste étranger. Pour comprendre les enfants, il faut connaître les parents.

« Passez quand vous voudrez », disaient certains. Facile à dire. Mais on ne « passe » pas dans une ferme située à 3 ou 4 km du bourg, accessible par un chemin boueux une bonne partie de l'année, et inutilisable à bicyclette le reste du temps en raison des profondes ornières creusées par les charrettes. Surtout quand ce chemin ne mène nulle part ailleurs. De plus, quand il m'arrivait de « passer » pour une raison précise, le maître des lieux était souvent absent, et la conversation se déroulait, décence oblige, sur le pas de la porte. Quand il était présent, parce qu'il travaillait à l'étable ou dans un champ tout proche, il m'était donné de rentrer dans la salle commune aux trois quarts obscure. Assis au bout de l'immense table, lui et moi face à face, nous restions à échanger quelques propos, forcément désespérés, sur les rigueurs du climat et la dureté des temps. Sur un signe à son épouse, après un conventionnel : « Vous prendrez bien quelque chose ? » qui ne souffrait pas de réponse négative, apparaissaient deux verres et une bouteille. La bouteille était le plus souvent d'eau-de-vie, en ces temps bénis des bouilleurs de cru. La « goutte », comme on disait, avait un degré variable. Je suppose qu'il y avait là une sorte d'épreuve. Celle qu'on me servait était en général extrêmement vigoureuse, dans les 70° à mon estimation. Je savais (en tout cas, je l'ai su plus tard) qu'ils avaient en réserve de l'eau-de-vie moins forte, et longuement vieillie. On m'observait. Je savais que je serais jugé à ma capacité d'avaler le tord-boyaux sans sourciller, et même — suprême élégance — de claquer la langue avec un air de connaisseur réjoui. Épreuve digne d'un western. J'ai toujours su prendre l'air le plus naturel, malgré les protestations de mon estomac en feu. J'acceptais une deuxième rasade, avec le même stoïcisme. Le paysan m'observait et colportait ensuite que j'étais un « fameux gaillard ». A quoi tient une réputation...

Au lieu de « goutte », on me servait parfois un vin effroyable, issu d'un plant dont il ne reste, je pense, plus aucune trace dans la région, à moins que la vinification n'ait vraiment fait des pas de géant. Un verre de ce vin, et j'avais des aigreurs d'estomac pour la journée, jusqu'à ce qu'un pharmacien bien au courant des us et coutumes du canton m'eût fourni le médicament qui ne m'a pas quitté pendant toutes mes tournées exploratoires. Ma consolation était que le curé était soumis à la même épreuve, et que son regard, à ce régime, devenait rapidement vitreux. L'école laïque marquait un point. « Ne vous laissez pas aller à boire "des petits coups" », avait dit notre professeur de morale professionnelle. J'aurais bien voulu l'y voir.

Estomac mis à part, je ne perdais pas trop mon temps. Je savais dans quel cadre vivaient mes élèves, et l'inconscience qu'il y aurait eu à exiger d'eux des choses hors de leur portée. Enfant, j'avais fait tous mes devoirs sur un coin de table de cuisine menacé d'invasion par les choux et les topinambours, légume de guerre par excellence. La lumière était faible, et la chaleur parcimonieuse. S'abstraire de cet environnement était de l'ordre de la performance. Dans leurs fermes éloignées, où l'électricité n'était pas toujours arrivée, où la chaleur émise par la cheminée n'empêchait pas l'eau de geler à l'autre bout de la grande salle, ils vivaient au fond en économie de guerre. Comment leur reprocher leur erreur d'être nés dans la mauvaise caste ?

De leurs parents — je devrais dire : de leur père, la mère restait silencieuse — j'apprenais des bribes. Que la vie était dure. Qu'ils vénéraient l'instruction tout autant qu'ils s'en méfiaient. Qu'ils commençaient à vivre par la pensée au-delà des limites de la ferme et même du village : leur monde devenait étroit. Qu'ils respectaient l'ordre social, non pas comme le plus juste, mais comme celui qu'imposait le destin. Qu'ils espéraient mieux pour leurs fils — les filles trouveraient bien un mari — que pour eux-mêmes, mais qu'ils ne pouvaient se passer de leurs bras. Qu'ils savaient de la nature et de la vie des choses qui m'échappaient. Que la culture dont je rêvais pour eux était à leurs yeux aussi lointaine et mythique que la planète Mars. Qu'ils estimaient ma fonction, en la situant dans une catégorie particulière de privilégiés, mais qu'ils l'estimaient accessible pour leurs enfants avec beaucoup de chance. Plus tard, et tant que la profession a gardé un minimum de prestige, le seul argument dont je pouvais user pour les convaincre de permettre aux enfants les plus doués de continuer leurs études, c'était de leur faire miroiter la possibilité d'entrer à l'école normale. Ce métier méprisé d'en haut était, vu du sol, la chance unique de promotion. Ceci ne devait pas durer, mais l'instituteur avait vécu un demi-siècle sur ce double statut, dont, par bonheur, il ignora longtemps la partie la moins valorisante.

Ces contacts brefs, limités, de circonstance, ne permettaient cependant pas de pénétrer les mentalités paysannes, dont la richesse échappait à l'analyse superficielle. Le paysan, le rural en général, n'avait pas bonne presse auprès des citadins, des Parisiens en particulier, arbitres, croyaient-ils, en matière d'intelligence et de bon goût. Une bonne partie du discrédit de l'instituteur auprès de la bourgeoisie urbaine provenait d'ailleurs de ce qu'il traînait toujours, en quelque endroit qu'il aille, « de la paille dans ses sabots », selon la délicate expression qu'on m'a servie à plusieurs reprises.

L'image urbaine du paysan, telle qu'en témoignait le cinéma français d'avant-guerre (ah ! cet accent stéréotypé d'un terroir uniforme, Provence de Pagnol exceptée), remontait loin. La guerre avait accentué le clivage, là où les paysans avaient pris leur revanche en vendant très cher les produits dont les citadins découvraient soudain qu'ils n'étaient pas manufacturés. On les accusait de marché noir ; ils accusaient les réfugiés venus de la ville de mépris et d'ingratitude. Bien entendu, tout le monde avait raison : la guerre n'avait pas révélé que des héros, lesquels avaient été comme toujours largement minoritaires, et très souvent héros malgré eux. Cinq ans après la fin de la guerre, les langues se déliaient, les accusations se faisaient plus virulentes, et on voyait sortir de l'ombre des gens dont on ne soupçonnait pas le dévouement pendant les années sombres. Quelquefois, c'était vrai : certains avaient vraiment caché des juifs, d'autres avaient vraiment aidé à franchir la ligne de démarcation, d'autres avaient vraiment ravitaillé des résistants sans espoir d'être payés. D'autres exploits laissaient plus sceptiques. Alors, on ne parlait qu'à mi-mot, et l'étranger privé de clés n'y comprenait goutte.

La vie privée et les amours illégitimes constituaient, avec les récoltes, les deux sujets principaux de conversation publique. Les allusions de toutes sortes se faisaient plus explicites au cours de ces veillées qui ont laissé un grand souvenir dans la mémoire collective. Il nous arrivait d'être invités par les gens du bourg, semi-artisans, semi-paysans, parce qu'ils avaient des habitudes plus conviviales, et aussi parce que recevoir les instituteurs laïques était une sorte de défi aux maîtres de la commune. J'ajoute que les fermes isolées étaient trop éloignées de notre domicile pour qu'on pût se risquer à revenir à pied ou à bicyclette en pleine nuit par grand froid ou sous une pluie battante. L'automobile aurait peut-être changé cela... si elle n'avait aussi, de concert avec la télévision, supprimé les veillées.

Ces veillées, à la différence de celles de mon enfance, dans le milieu rural-ouvrier dont j'ai déjà parlé, étaient utilitaires : il s'agissait de faire un travail de préparation pour la conservation pendant l'hiver de fruits ou légumes faisant l'objet d'un traitement manuel, ou de mener à bien l'interminable préparation du tabac. La veillée se rapprochait donc des travaux collectifs comme les battages ou les vendanges, qui se déroulaient en plein jour. On travaillait, avec des rendements variables, on mangeait, on parlait, on buvait du vin chaud. Convenablement préparé, il n'avait plus grand-chose en commun avec le vin servi dans la journée. Quelquefois, quelqu'un chantait, mais rarement, et toujours des chansons à la mode. Personnellement, je n'ai jamais entendu raconter ces contes qu'on lisait dans les recueils « de veillées », mais il y avait toujours quelque ancêtre pour jurer que, « de son temps, on savait encore raconter des contes du temps passé ». Ce temps a bien dû exister.

Tout le monde était autour de la vaste cheminée, qui chauffait vraiment sur une profondeur de 2/3 m. On se cuisait devant, on se gelait derrière. Sagement, les résidents secondaires qui ont remis ces antiques cheminées en service bien des années plus tard ont complété par le chauffage central. Ils ont raison : la cheminée, c'est bon pour l'ambiance.

Personne n'élevait vraiment la voix. Les femmes étaient souvent entre elles, les enfants se faisaient oublier jusqu'à ce qu'on leur rappelle d'aller au lit. On parlait des récoltes, qui étaient toujours mauvaises, et, à mi-mot, des potins du village. Il arrivait que quelqu'un s'entende rappeler une histoire très ancienne qui faisait encore rire tout le monde. Ces moments de connivence étaient les plus agréables. Quelqu'un se penchait vers nous, et, à voix basse — mais visiblement avec l'assentiment de tous — nous mettait au courant de l'histoire-mère. C'était le patrimoine du groupe, rarement exporté au-dehors. Deux étrangers au village pouvaient y avoir accès, s'ils en étaient jugés dignes : l'instituteur et le curé. Encore le curé était-il, sauf les robustes tempéraments, tenu à l'écart des histoires scabreuses, une bonne moitié.

L'actualité était toujours ramenée à la guerre. Comme on se doutait de mon hostilité à la guerre d'Indochine — je n'avais rien dit, mais pour tout le monde, cela allait de soi — on se contentait de réprouver l'emploi dans les troupes du corps expéditionnaire d'anciens SS. On évoquait l'occupation, le comportement des absents, ou des présents s'ils avaient eu le beau rôle. Histoires de marché noir, de prisonniers ou déportés du travail, de parachutages, de mitraillages le long de la voie ferrée, de collaborateurs mystérieusement disparus. Un personnage revenait obstinément, que personne n'avait vu, mais sur qui tout le monde avait une anecdote à raconter : l'agent de la 5e colonne, installé avant-guerre dans tel ou tel village des environs. L'histoire avait toujours la même base et le même développement : en 1937, ou 1938, un individu que personne ne connaissait s'installait pour quelque travail dans une maison du village. Il était poli quoique distant, et parlait un français impeccable, donc suspect. Au tout début de la guerre, il disparaissait. Plus tard, quelqu'un jurait l'avoir vu en uniforme d'officier allemand. Il y avait eu dans mon village natal un tel personnage. On l'appelait « Grand Nez », pour une cause évidente. Je n'ai jamais su qui il était vraiment, me méfiant des innombrables témoignages de sa présence en des lieux multiples.

On se séparait relativement de bonne heure. Nous rentrions dans notre maison froide. Cette année-là, la couverture chauffante fit son apparition. Les veillées disparurent, se transformant en « invitations à dîner ». C'est ainsi que le monde change.

XII

Première fête

Je rencontrais de temps en temps le curé du village qui restait des heures entières devant son église, ou patrouillait par la rue déserte du bourg. Sa conversation était monotone, mais je me devais de soutenir une courte séquence, pour ne pas apparaître intransigeant, ce à quoi tout le monde semblait s'attendre. C'était un vrai fils de paysan, qui savait sur la vie de ses paroissiens des choses que j'ignorais. Je complétais ainsi ma connaissance des us et coutumes du lieu.

Sa qualité de paysan ne lui valait pas, autant que je puisse en juger, une estime particulière. Pour ces gens, certains pieux jusqu'à la bigoterie, la soutane ne représentait même pas une promotion enviable. Paradoxalement, on enviait plus le métier d'instituteur que celui de curé, si c'est bien un métier. Financièrement, malgré la modicité de mon salaire (à mes débuts, il s'élevait mensuellement à 19 000 F de l'époque, le prix d'une bicyclette), mon sort était plus confortable que le sien, même s'il était largement approvisionné en poulets, œufs, viande, légumes par ses paroissiens. Par ailleurs, malgré la discrétion de rigueur — parler en mal du curé à l'instituteur était du domaine de l'interdit, dont il faudrait rendre compte en confession, situation sans issue — il me semblait qu'on le tenait en piètre estime, se moquant gentiment de ses expériences malheureuses. Ainsi, il avait reçu un jour une motocyclette. Je suppose qu'il s'agissait d'un véhicule de fonction, évidemment très utile pour aller administrer les derniers sacrements aux confins de la paroisse. Il avait voulu faire sur-le-champ une démonstration. L'engin avait bien démarré, et le curé tournait autour de son église en un rodéo triomphal. Mais pour arrêter, ce fut une autre histoire. Défaillance technique ou humaine, la moto continuait sa ronde, devant un public clairsemé mais rigolard. On me raconta plusieurs fois l'histoire, mais personne ne songea à intervenir. Les récits les plus extrêmes prétendaient que la moto s'était arrêtée au bout d'une heure, en panne d'essence.

A chaque rencontre, le curé me rappelait que je devais impérativement lui donner une date pour la fête scolaire, puisque l'unique salle était de sa responsabilité. Tout le monde tenait à cette fête. Les parents m'en parlaient comme d'une chose allant de soi. Les enfants me faisaient des suggestions.

Cette perspective ne m'enchantait guère. Je ne me sentais pas très à l'aise d'avoir à utiliser une salle paroissiale, malgré la tradition. En outre, je répugnais à mettre les enfants sur scène. Ce n'est pas que nous étions à court de répertoire : nous avions, comme moniteurs de colonie de vacances, et surtout comme ajistes (rappel : adhérents des Auberges de Jeunesse), participé à tant de feux de camps, veillées aux gîtes d'étape, rassemblements de toutes sortes, que nous étions largement pourvus en chants nostalgiques, danses folkloriques et saynètes diverses. Pour le programme, en mettant en commun nos dispositions diverses, nous étions parés. Restait le principe. Ce que nous faisions spontanément et pour nous-mêmes nous semblait une sorte de mise en spectacle d'animaux savants. Pour contourner la difficulté, nous pensâmes à une fête de plein air : la dominante est sportive, donc à nos yeux plus naturelle ; nous pouvons nous passer de la salle paroissiale. Inconvénients : nous sommes à la merci des intempéries, et il est difficile d'exhiber nos rares filles. Une fille en petite tenue — les tenues sportives les plus osées de ces années-là n'avaient rien à voir avec les plus sages des années 90 — eût été un pur scandale, une manière de discréditer l'école laïque, une audace dont il faut aller aujourd'hui en pays musulman pour prendre la mesure.

Quand on apprit notre projet encore vague, un vent de révolte souffla sur le village. Puisqu'il y avait une salle, pourquoi aller s'exhiber dans un pré ? Pour nos paysans, évidemment, le plein air n'avait pas les charmes qu'on lui avait découverts dans les villes depuis le Front populaire.

Va donc pour la salle. Histoire de ne pas céder, je chargeai le secrétaire de mairie — qui n'a jamais compris pourquoi — de négocier la date avec le curé. Le problème était de ne pas occuper la salle juste après, ou juste avant l'école catholique. Une loi non écrite, dont personne ne m'avait jamais parlé, me soufflait qu'il y avait comme un délai de bienséance à observer entre les deux, ne serait-ce que pour éviter les comparaisons malsaines. Les religieuses ayant retenu très longtemps à l'avance, il nous fut facile de nous renseigner sur leur date, et de fixer la nôtre environ trois semaines plus tard. Cela ne m'arrangeait pas vraiment : se profilait à l'horizon la date sacrée du certificat d'études, et il n'était pas facile de mener de pair les deux préparations. Il faut dire que c'était la coutume en ce temps de retenir les candidats tard le soir pour la préparation intensive des épreuves les plus redoutées, dont la fameuse dictée. Mais je n'avais que deux candidats. Un garçon et une fille.

Vint le jour de « la fête ». Certains de nos préjugés tombèrent : les enfants prennent plaisir à ce qui peut être autre chose qu'un dressage si on prend le tout comme un jeu, et non comme un spectacle. Autre surprise, les parents manifestaient pour la préparation matérielle un entrain inattendu. Leurs bras et leurs charrettes, le tout fort utile pour le transport des éléments de scène, des chaises, et autres accessoires, étaient spontanément disponibles. De nouveaux rapports s'établissaient sur la base de ces travaux en commun dont j'étais, pour une fois, le maître d'œuvre. Je retins la leçon pour les années suivantes.

La salle était pleine, comme pour la fête de l'école catholique. Le village ne manquait jamais une occasion de se retrouver, et tout le monde assistait à toutes les fêtes, à l'exception des matches de football, qui ne réunissaient que quelques supporters désœuvrés. Il y avait, entre le village — je parle ici du village en général, comme d'une cellule sociale, une communauté — et la fête — la fête comme événement — un rapport étroit que l'école ne pouvait ignorer. Plus tard, j'ai mis à profit cette découverte, bien audelà du cadre scolaire. Pour réussir, me disais-je, l'école doit être ouverte sur son environnement. Ce constat, que je n'ai pas été le seul à faire, a été interprété diversement. La laïcité retrouvait là une possibilité de second souffle, renouant d'ailleurs avec toute une tradition des cours du soir, dont les vieillards du village avaient gardé le souvenir. A mots couverts, certains me reprochaient de ne pas perpétuer cette tradition. Il me semblait qu'il fallait en effet la reprendre, mais à zéro. Deux ou trois ans plus tard, d'ailleurs, la nécessité de cette reprise devenait une évidence.

XIII

Premier certificat d'études

Le grand jour est arrivé. Le père de la candidate nous conduit en camionnette au chef-lieu de canton, siège traditionnel de l'examen. Les candidats du canton, tirés à quatre épingles, accompagnés de leurs parents endimanchés, attendent silencieux dans la cour. Les instituteurs sont tout aussi émus, et un peu raides dans leur costume-cravate. Les institutrices en tailleur gris ou sombre ont cet air de gravité qui sied aux enterrements. Le temps n'est pas venu de la décontraction, des barbes plus ou moins hirsutes, du col ouvert ou de la veste légère. Il fait chaud : et alors ? On peut suer avec dignité. Regardez l'inspecteur, avec son col cassé, son costume noir IIIe République, et la dignité du jury, instituteurs des cantons voisins qui font bien entendu semblant de ne pas nous connaître. Nous leur rendrons la pareille quand nous serons dans leurs terres, la semaine prochaine. On sent ici l'ordre et la discipline : on n'est pas encore en mai 68, et rien ne laisse supposer pareil désordre à venir.

Je n'en mène pas large, naturellement. La candidate est une fille gentille, attentive, disciplinée, mais incroyablement distraite. Les problèmes, c'est, si j'ose dire, son problème. Elle oublie toujours un robinet ou un train, ou laisse de côté un ouvrier, celui justement qui fait deux fois plus de travail que les autres. A chaque réprimande ou observation, elle prend un air tellement coupable que je n'ose pas poursuivre. En dictée, ça va. D'ailleurs — Je ne sais pas quelle est la valeur de l'observation en dehors de mon expérience limitée — les filles réussissent toujours mieux que les garçons en orthographe. Ses performances en rédaction sont moyennes. Son français est à peu près correct, mais son imagination est prosaïque. Elle n'en rajoute pas. Si on lui demande de décrire une journée à la foire, un des sujets appréciés en ce temps-là, elle rend un journal succinct, une sorte d'agenda. Rien n'y manque, si ce n'est la vie. Cette concision serait plutôt une qualité, mais l'institution demande au candidat une pointe de lyrisme. Certains en abusent, et délirent, saupoudrant leurs souvenirs approximatifs, évidemment autocensurés parce que les anecdotes les plus intéressantes ne leur semblent pas convenables, de quelques citations d'écrivains consacrés qui ont survécu dans leur mémoire. Je me souviens ainsi avoir un jour piqué une vraie colère en réaction à la récurrence d'une formule toujours disponible pour tous les orages, y compris en notre pays sans grand relief : « Les éclairs balayaient les crêtes. » Le juste milieu est toujours difficile à obtenir.

Le candidat est un fort gaillard qui se débrouille assez bien avec les problèmes, et fait de ses rédactions de petits romans, où surgit toujours un parent lointain pour conforter l'effet de réel. Il n'a de difficultés sérieuses, mais vraiment sérieuses, qu'avec l'orthographe, particulièrement d'usage. Il peut faire dix fautes dans une dictée, étudier ensuite les mots qu'il n'a pas su écrire jusqu'à être capable de les épeler ou de les écrire sans hésitations au tableau, et faire douze fautes à la même dictée le surlendemain. Il prend un air contrit quand on perd patience, jure de ne plus recommencer, étudie saint Bled jusqu'à épuisement, et recommence. Je sais qu'il va échouer, avec une dizaine de points en plus, et un zéro éliminatoire en orthographe. Au fond de moi-même, j'espère quand même.

L'appel commence, aussi solennel que celui des morts au monument. Chaque candidat se détache en silence. Il ne me reste plus qu'à attendre. Dès qu'un candidat apparaît au terme d'une épreuve, je me précipite sur lui, comme tous mes collègues. On nous a déjà glissé les épreuves, en douce. Nous avons résolu les problèmes, et supputé les difficultés. Le candidat, hagard, ne sait plus ce qu'il a fait, tend un brouillon illisible qui nous met un peu plus en transes. Parfois, il est arrivé au bon résultat, mais ne sait plus comment. Parfois, il a suivi une démarche correcte pour arriver à un résultat non seulement faux, mais invraisemblable. On évite de l'émouvoir davantage. En dictée, comme de coutume, il ne sait plus ce qu'il a fait. A midi, on va manger sans entrain, pour revenir bien vite sur le champ de bataille. Les membres du jury reviennent avec nonchalance, le teint fleuri des gens qui ont bien mangé. Le repas de certificat est un des événements pédagogiques de l'année, il est en général bien arrosé et plutôt copieux. L'inspecteur en profite pour distribuer son courrier. Arrivent les dernières épreuves, les délibérations, les résultats.

Le candidat est reçu, avec 4 fautes 3/4 à sa dictée. Je suppose qu'il a fallu au jury des prodiges de mansuétude et d'équilibre pour en arriver là. La candidate échoue, par la faute du fatidique zéro éliminatoire. Je suis effondré : c'est en dictée que je la croyais sûre. Je suis d'autant plus effondré que c'est une fille ; j'en connais qui vont ricaner, même si l'école concurrente n'a pas lieu de se réjouir de ses résultats. Première année, premier échec. Premier réel échec de ma vie. Plusieurs jours, j'en garderai la gorge nouée. Personne ne viendra me le reprocher, pas même le père qui tente de me consoler.

Après la proclamation des résultats, les parents des lauréats se dirigent vers les quelques boutiques de la bourgade qui font commerce de ces produits qu'on appelle des « cadeaux ». L'instituteur heureux se voit récompensé de ses efforts par un service à porto, ou à liqueur, ou quelque objet de bronze ou de porcelaine destiné à orner le salon ou la salle à manger — on ne parlait pas alors de salle de séjour. Une longue vie de succès dans le même village se traduisait par un intérieur surchargé de bibelots, trophées d'un genre particulier qui n'ont jamais excité la curiosité des ethnologues. Dommage : tout le monde ne peut pas être officier de marine, et décorer sa maison de masques nègres ou polynésiens. Je dois avouer que mes trophées n'ont pas survécu à mes divers déménagements.

XIV

Première alerte, première désertion... pour cause de service militaire

Voici les vacances, privilège le plus éclatant de l'instituteur de naguère, si l'on compte pour anecdotiques le rôti de porc et les boudins, tribut, au moment de la mort du cochon, des familles sympathisantes, et la galette, offrande généralisée des premiers communiants.

Les vacances comptaient pour beaucoup aux yeux de nombreux instituteurs, même si beaucoup restaient sur place, ou ne profitaient que de quelques jours à la mer. La campagne, ils connaissaient, la montagne n'était pas encore à la mode, ni l'été, ni surtout l'hiver, et les voyages au long cours, fussent-ils « organisés », étaient encore des aventures de bourgeois excentriques. Mais les vacances, c'étaient quand même les vacances, et il n'était pas une revendication salariale qui ne se vît opposer ce privilège comme prétexte de refus.

Nous avions vingt et un ans, et nous étions libres comme l'air, à ce détail près que nous n'avions pas d'argent, notre salaire nous permettant tout juste de survivre, en cette première année où il fallait acheter le minimum d'équipement, bien que les appareils électro-ménagers, qui commençaient leur carrière fulgurante, fussent hors de notre portée, et n'eussent pour nous qu'une vague existence mythique. En revanche la vente à crédit commençait ses ravages, et nous étions pour les prédateurs qui écumaient les campagnes des proies de choix. Nous apprenions aux élèves à faire des additions en oubliant d'en poser pour notre compte.

Grâce toujours aux Auberges de Jeunesse, dont le confort était alors plus que rudimentaire, il nous était néanmoins possible de partir. Ce que nous fîmes, avec cependant une ombre au tableau : je m'étais décidé à interrompre mon sursis, et à partir pour dix-huit mois de service militaire. J'abandonnais donc mon poste, et ma femme, non astreinte aux mêmes contraintes, restait sur place. Un autre instituteur fut nommé à ma place, occupant l'un des logements avec sa famille. Ma femme occupait l'autre. Il y avait de la place, à défaut d'autre confort.

Pendant deux ans, je restai donc en contact avec le village, où je revenais pour les permissions. A l'issue des dix-huit mois, je fus nommé temporairement dans des villages des alentours par l'administration bienveillante. Au sortir de cette période, j'aurais trouvé tout merveilleux.

Je n'étais pas encore parti « sous les drapeaux », que fut promulguée, le 28 septembre 1951, la loi Barangé, du nom du parlementaire, voué ensuite à l'exécration des laïques, qui en fut le rapporteur. Cette loi, comme toute loi qui s'avance en terrain hostile, était à double tranchant. Elle dotait chaque école, publique ou privée, d'une attribution proportionnelle au nombre d'élèves, et destinée au fonctionnement pédagogique. La dotation transitait par les municipalités pour l'enseignement public, et par des associations de parents d'élèves pour l'enseignement privé. Pour l'enseignement public, jusque-là tributaire des seules municipalités, c'était une occasion de moderniser l'équipement des écoles, particulièrement vétustes en milieu rural. Pour les municipalités, c'était la solution d'un délicat problème, d'autant plus délicat que les maires ruraux, vivant sur leurs souvenirs d'enfance, étaient peu enclins à suivre les extravagantes demandes des instituteurs, titillés par les représentants de matériel scolaire. Du coup, ils pouvaient admirer sans bourse délier le matériel à leurs yeux sophistiqué qui apparaissait dans les salles de classe. Pour les écoles privées, c'est-à-dire catholiques, c'était simultanément un apport d'argent public, et la reconnaissance.

C'était là que le bât blessait, côté laïque s'entend. Jusque-là, et depuis Jules Ferry, le système scolaire vivait sur un principe qui avait pris en vieillissant figure de dogme : « Écoles publiques, fonds publics ; écoles privées, fonds privés. » Il était clair que ce principe, ainsi remis en cause par une mesure de faible ampleur, et bénéfique également pour l'école publique, était condamné.

Restait à savoir si le principe était bon ou mauvais. Pour les instituteurs et leur syndicat, qui avait pris pratiquement en charge la défense laïque depuis les années 20, cela ne faisait pas l'ombre d'un doute : il ne pouvait être discuté. Pour moi également. Cette coupure du village en deux était non seulement absurde, elle était nuisible. Il est vrai qu'elle ne séparait que les sexes, lesquels étaient inévitablement appelés à se réunir plus tard. En d'autres lieux, plus virulents, elle séparait en deux clans la population. Même ici, en ce village tranquille, elle constituait un clivage politique, et plus encore social, qui faisait de l'école un enjeu, donnait aux querelles de clans une dimension spectaculaire et malsaine. Ces querelles auraient existé avec école unique, et même sans école du tout, car la plupart d'entre elles venaient d'un passé reculé, mais il aurait mieux valu, comme cela se pratiquait jadis, que les comptes se règlent en un vaste affrontement annuel selon les règles d'un jeu ancestral. Ce que je ne pouvais concevoir, c'est que ce lieu paisible d'apprentissage de savoirs modestes, d'initiation à la vie civique, et à cette vie désintéressée de l'esprit qu'on nomme la culture, devienne un emblème pour des factions opposées. Des factions, comment faire autrement ? Mais qu'elles s'expriment sans traverser le lieu le plus neutre par excellence. Je ne suis le porte-parole de personne, mais il me semble que nous étions nombreux à penser cela.

Neutre, vous voulez rire, ripostaient ceux qui rêvaient d'une école catholique plus forte. L'école laïque n'est pas neutre, elle enseigne les valeurs républicaines, issues de la Révolution française et de la philosophie dite des Lumières. Les républicains ont été les plus farouches adversaires de l'Église, et le demeurent. Ce qu'enseigne l'école sans Dieu, c'est l'athéisme, et les prétendus Droits de l'Homme (en ce temps, les Droits de l'Homme faisaient figure d'idéologie partisane).

Il est vrai que l'école laïque enseignait les valeurs républicaines. De moins en moins d'ailleurs, en raison du bouleversement des mentalités provoqué par la guerre. Il va de soi qu'une société enseigne dans ses écoles les valeurs sur lesquelles elle se fonde, à condition de ne pas en faire un dogme. Il va de soi aussi qu'elle ne tolère pas que soient mises en compétition des valeurs contradictoires, telles que l'antisémitisme — on sortait d'en prendre, et il n'était pas rare de rencontrer des gens qui disaient à haute voix que « les Boches n'avaient pas brûlé assez de juifs » — et l'antiracisme ; ou l'éloge de la liberté et celui de l'esclavage. De la religion, on ne disait rien, ni pour, ni contre, suivant en cela la prudence des fondateurs, qui voulaient éviter cette pomme de discorde, à moins de considérer comme un pamphlet intolérable le fait de signaler certaines données historiques désagréables, mais reconnues de tous les historiens, comme les guerres de religion, les Camisards, ou l'Inquisition. Je n'ai personnellement pas escamoté les noyades de la Loire, le vandalisme contre les églises, et les ravages aveugles de la guillotine. J'essayais d'expliquer, mais je ne travestissais pas les faits que les historiens m'affirmaient incontestables. Avec le recul, je me dis que j'étais peut-être plus indulgent pour Robespierre que pour Torquemada. Que celui qui peut se vanter d'enseigner à des enfants, sans passion minimale, une histoire aussi tumultueuse, n'hésite pas à s'indigner. J'ai néanmoins la conscience tranquille.

De toute façon, une journée tout entière, le jeudi alors, était réservée à l'éducation religieuse, si les parents le souhaitaient. Inutile de dire qu'ils le souhaitaient tous, ou plutôt qu'il ne serait venu à l'esprit de personne de contourner cette initiation religieuse. Les enfants allaient donc au catéchisme. Le temps de la première communion venu, les intéressés disparaissaient pendant quelques jours. On prévenait, tout simplement. Refuser aurait tenu du scandale, de l'intolérance, du retour des affrontements du début du siècle. Je faisais comme si je ne m'en apercevais pas. De même, il allait de soi que les enfants de choeur fussent mystérieusement absents à l'heure des enterrements. Ils quittaient l'école à la première volée de cloches, bredouillant une vague excuse. J'avais essayé, les tout premiers jours, de mettre un peu d'ordre, mais on m'avait regardé avec un tel air d'incompréhension que j'avais laissé filer.

Ainsi vivait le village sous le régime de la « guerre » scolaire. Je me demandais souvent ce qu'il aurait pu advenir des filles, si elles avaient fréquenté l'école laïque. Que leur enseignait-on qui fût à ce point essentiel que notre enseignement les condamnât à la déchéance ou à la damnation ? Quand il me fut donné d'enseigner dans un village où les filles se partageaient à égalité entre les deux écoles, tout le monde était bien d'accord pour reconnaître que leur comportement ultérieur était étrangement identique, au moins sur certains points. Ce sont peut-être ces points qui faisaient problème. Le temps scolaire se passant pour l'essentiel en leçons d'arithmétique, de grammaire, d'orthographe, de vocabulaire, il me fallait bien admettre que l'école laïque ne pouvait se caractériser aux yeux de ses détracteurs que par la mauvaise fréquentation... des enseignants.

Survint la loi Barangé, première alerte de ce qui allait se généraliser pendant trente-cinq ans environ. A l'époque, elle fut considérée par les défenseurs de l'école laïque comme une atteinte délibérée à la laïcité, inscrite dans le préambule de la Constitution de 1946. Avec le recul, j'y vois le premier signe de récupération du déclin des écoles rurales, et des campagnes en général : la concurrence scolaire, très forte au niveau des villages, était beaucoup plus feutrée au niveau des villes. De bons établissements secondaires catholiques accueillaient la bourgeoisie, en concurrence avec les lycées, qui recrutaient d'ailleurs dès le primaire, avec un label valorisant : on n'était pas en cours moyen 2e année, ce qui aurait fait « peuple », mais en classe de 7e, promis donc à suivre la filière noble qui conduisait au baccalauréat classique. Les classes primaires conduisaient les meilleurs jusqu'au brevet supérieur par le canal des EPS ou des cours complémentaires. La réforme de 1942 avait uniformisé les appellations sans modifier l'esprit du système.

Une constatation empirique, au niveau de ma classe d'âge, permet cependant de remarquer que la cloison, étanche dans les campagnes, quasi étanche dans les petites villes, les villes moyennes et les banlieues ouvrières, était beaucoup moins efficace quand l'agglomération atteignait quelque importance. C'était à Paris qu'un enfant issu de milieu modeste avait le plus de chances de passer à travers les mailles, sans se faire remarquer. Je ne parle pas des surdoués de village poussés, parfois contre la famille, par leur instituteur, et dont l'exemple édifiant a fait l'objet de biographies largement reprises dans la mythologie républicaine.

Il suffit de voir ce qu'est aujourd'hui la population d'un collège de quartier pour comprendre que le développement urbain condamnait les établissements scolaires à ce spectre de toute famille bourgeoise : la promiscuité.

Comme presque tout le monde, je ne soupçonnais même pas ce qu'allaient devenir nos villes, et il m'apparaissait inconcevable que le monde rural fût condamné à disparaître. La décennie 50 allait être décisive, et il m'apparaît hautement symbolique, même si aucun esprit machiavélique ne peut manipuler de telles coïncidences, que la loi Debré, qui couronne l'édifice dont la loi Barangé jetait les fondations, soit datée du 31 décembre 1959.

Loi Barangé ou pas, les écoles catholiques de campagne étaient condamnées, comme d'ailleurs leurs homologues laïques. Aujourd'hui, il n'y a plus guère d'instituteurs de campagne, pas plus que de curés de campagne. Les écoles sont reconverties, les églises sont désertes, ou dévolues, si leur acoustique est bonne et leur architecture prestigieuse, aux concerts de musique sacrée, et quelquefois profane. Logiquement, ce devrait être l'extinction du conflit aux frontières du folklore et de l'idéologie, qui a coupé en deux la société française. Mais la France n'a pas fini de gérer ces deux emblèmes de son identité que sont l'espace rural et l'enseignement. Est-il un autre pays développé qui ait vu défiler autant de monde dans les rues lors de crises relatives à l'enseignement, qui n'ont d'ailleurs jamais reçu de solutions rationnelles ? Et en est-il un où les paysans continuent de manifester avec violence tout en ayant pratiquement disparu ?

Mais nous sommes en 1951. Pour les instituteurs et leurs alliés laïques, une seule chose est claire : les fonds publics vont désormais au privé. Où s'arrêtera-t-on ? Ils ne savent pas encore qu'on ne s'arrêtera pas.

Un mouvement s'amorce, qui prendra vite une grande ampleur. Rassemblements, pétition, grève.

Dans les campagnes, en 1951, une grève (de vingt-quatre heures !) passe à peu près inaperçue des usagers sur le plan pratique. Les enfants restent à la maison, c'est tout, ou plutôt ils vont travailler dans les champs. Les plus petits restent un peu dans les jupes de leur mère, qui en a vu d'autres. Quant au travail scolaire, que l'instituteur se fait un devoir de rattraper largement, il en souffre moins que des innombrables jours chômés, de la « retraite » d'avant première communion, ou des jours d'hiver, quand les enfants des hameaux éloignés sont tenus de rester chez eux à cause des chemins impraticables. Il faut n'avoir jamais eu la responsabilité d'une classe pour penser, ou faire semblant de penser, qu'une journée ne se rattrape pas.

Cette grève, tout simplement, en pareil lieu et à

pareille époque, fait scandale. Pensez : le maître d'école cesse le travail parce qu'on veut donner des sous à l'école privée. Tous les lieux communs y passent : il n'a pas assez de vacances, peut-être ; ou : qu'est-ce que ça peut lui faire ? ; ou : on devrait y aller avec nos fourches (version extrémiste et minoritaire), etc. En réalité, une seule chose s'impose : l'équilibre est rompu. Cette difficile cohabitation, dont personne n'aime parler, certains pour éviter d'avouer que leur choix en faveur de l'école confessionnelle n'est pas libre ; cette situation où tout le monde garde l'arme au pied, débouche en pleine lumière sur le terrain politique. Ici, avouer sa préférence politique est inconvenant. C'est comme la religion : on n'en parle pas. Lors des réunions électorales dans les préaux d'école, on laisse la parole aux ténors. Il est vrai que parler relève de l'exploit pour ces travailleurs des champs, souvent seuls, ou trop loin des compagnons de travail pour engager une conversation. Faire la grève, c'est bouleverser ce silence tacite. C'est manquer aux usages.

Naturellement, ma femme fera grève. Et son collègue aussi. On est mieux à deux pour faire face à la réprobation générale, les sympathisants se gardant bien d'ouvrir la bouche.

Mais le collègue se dérobe. Il a, dit-il, reçu la visite du curé qui l'a convaincu de ne pas troubler avec une manifestation partisane la paix du petit village. Ma femme tient bon. Je n'aurais su que lui dire si elle avait craqué. Bien entendu, j'aurais fait grève, mais un militaire appelé n'a pas à donner son avis.

Un jour comme celui-là, mieux vaut rester chez soi. Le silence du village est comme du plomb. On imagine les regards réprobateurs, les ricanements. On s'imagine, dans la rue du village, où circulent à belle année trois pelés et un tondu, une foule réprobatrice qui fait silence à votre approche. Fantasmes, bien sûr, mais alimentés par un an de vie dans ce village où vivre et enseigner relèvent de l'exercice d'équilibriste, où il n'est tout simplement pas possible de faire du mieux possible un métier comme un autre. Ce métier, en ce temps, n'est pas comme un autre. Il n'est pas plus pénible, et même plutôt moins, il est mal payé, mais à vivre parmi des pauvres, le dénuement est moins dramatique. Il assure une considération qui ne résiste pas aux bouleversements en cours. Le petit instituteur qui se croit appelé à changer la vie, à répandre l'instruction et la culture, se découvre à la merci de mouvements historiques. A toutes les raisons de demander le changement pour la ville, il faut peut-être ajouter celle-ci, jamais avouée : devenir anonyme, enfin, intégrer le rang des salariés sans cas de conscience, faire son travail, et, le soir venu, lire sans chercher des textes de grammaire, ou discuter avec des amis d'autre chose que de pédagogie. Mais pour dix ans au moins, nous sommes assignés à résidence à la campagne. Je me prends à haïr ce rideau de sapins comme une prison, je mêle le village et l'armée, que je supporte simultanément, avec la même répulsion. Ce doit être cela qu'on appelle une dépression. La première.

Deuxième partie

LA GRANGE DERRIÈRE L'ÉCOLE

Septembre 1953, 4 km plus loin...

I

Nouveau territoire

Il fallait trouver un autre « poste », puisque j'avais été remplacé par un titulaire. Nous n'étions pas mécontents de quitter ce logement sans confort, et plus encore, ce repli du temps. Fini de jouer les robinsons de l'avant-guerre.

Nous étions voués pour plusieurs années à l'école rurale. Ce n'était pas une perspective vraiment sinistre : au fond, nous étions des ruraux, sinon des paysans. Mais nous aurions bien aimé trouver à la campagne les avantages de la ville, ce qui relevait du paradoxe d'Alphonse Allais. Les villages proches du chef-lieu du département, qui mettaient à portée de nos vélomoteurs — nous avions monté d'un cran en matière de transport — les divertissements, au demeurant fort modestes, des centres urbains, étaient encore inaccessibles.

A 4 km du village de nos débuts, un « poste double », formule consacrée pour les ménages dits « pédagogiques », était libéré par le départ d'un couple pour la ville, selon la trajectoire quasi programmée des instituteurs des années d'avant la désertification rurale. Nous connaissions vaguement ce village, pour l'avoir traversé et pour avoir discuté avec les anciens titulaires. La rumeur publique le disait plus ouvert au vent du large, moins replié sur les antiques servitudes. Mais un argument emporta tous les autres : il y avait l'eau courante dans le logement. Un luxe.

Évitons la démesure : « eau courante », familièrement « eau sur l'évier », signifiait un robinet d'eau froide dans la cuisine. Pour l'eau chaude, la salle d'eau, il fallait attendre l'évolution des mentalités, les techniques étant connues de longue date. Pour en finir avec les questions de plomberie, je précise qu'il nous fallut attendre encore quatre ans pour les résoudre tant bien que mal. Quant aux commodités, comme disait le maire, il fallut pendant nos huit années de séjour traverser la cour, ce qui n'était guère « commode ».

Fin de l'intermède sanitaire.

Nous étions, pour ce village sensiblement plus important que le précédent, trois maîtres : ma femme et moi, constituant le personnel de l'école de garçons, une institutrice pour l'école de filles. Cette dernière, expérimentée et appréciée dans le village, avait donc la lourde charge d'une classe unique, amputée cependant du cours préparatoire, celui de l'école de garçons étant mixte. Elle quitta le village un an après notre arrivée, ma femme demanda et obtint son poste, prenant ainsi la charge de l'école de filles.

L'école de filles, l'école laïque de filles, notons l'évolution, se trouvait à l'une des trois entrées du village. Elle se composait d'un logement à étage, spacieux, et d'une classe attenante. En face, un champ. Mon calvaire en juin, à cause du rhume des foins.

L'école de garçons était plus loin, au cœur du bourg. La mairie, le logement et les deux classes constituaient un bloc. La cour de récréation étant minuscule, il était admis d'utiliser la place publique, d'ailleurs clôturée à cette fin. Le logement, plutôt vaste, était sombre, et peu agréable. Nous n'y passâmes qu'un an, déménageant ensuite pour l'école de filles.

L'école elle-même était vétuste, datant de l'avant-Première Guerre mondiale. Entre trente et quarante enfants s'entassaient dans chacune des deux classes, à tel point qu'il y avait à peine la place de circuler entre les tables. Autour de ma classe, des armoires antiques étaient encombrées par un incroyable capharnaüm. Heureusement, je fus dispensé d'inventaire grâce à l'aimable nonchalance de l'administration communale. Il me fallut un bon trimestre pour établir une liste à la Prévert. Je découvris cependant un électrophone tout neuf, dont il me fallut quelque temps pour comprendre, moi dont l'enfance avait été bercée par les chants de Berthe Sylva et de Fréhel sur un phono à aiguille, qu'il s'agissait d'une technique nouvelle, le microsillon.

Face à la place-cour, de l'autre côté de la route, un grand espace libre attendait, paraît-il, la construction d'une école neuve. Il me revint, trois ans plus tard, d'en essuyer les plâtres — au sens strict.

Au-delà du complexe école-mairie, la route bifurquait à gauche en direction de la gare et de la poste (2 km), à droite vers le deuxième centre du bourg, avec son église, dont le clocher se voyait de loin dans la campagne, sa place, et, en face, l'école catholique de filles. Au-delà, la route descendait assez abruptement vers la vallée d'une petite rivière, traversait un vieux pont, et continuait à travers les champs, vers le chef-lieu de canton (4 km). Nous remarquâmes avec amusement que le village avait deux centres : le républicain, école laïque-mairie, et le clérical, école privée-église. Le hasard voulait que nous ayons peu à faire en cette seconde moitié, si ce n’est pour la traverser en direction du chef-lieu de canton.

Et voilà pour le décor.

II

Découverte

La rumeur n'avait pas menti : ce village était fort différent du précédent. Les manières de vivre étaient les mêmes, les coutumes et les traditions aussi. Le langage, un français fortement accentué, avec des formes grammaticales et surtout un lexique spécifiques, était le même, les cadeaux arrivaient dans les mêmes circonstances, le « petit coup » de rouge ou d'eau-de-vie à l'occasion des visites, avec la variante plus fréquente des cerises à l'eau-de-vie extirpées d'un bocal à étroite embouchure, faisait les mêmes ravages. Les fermes étaient meublées de la même façon, avec cette nuance que le vent de modernisation avait commencé de souffler, remplaçant le bois ciré par le formica, masquant les poutres apparentes, substituant au dallage inégal un carrelage encore approximativement horizontal. Le réfrigérateur faisait peu à peu son apparition, suivant de près la cuisinière à feu continu, la cheminée perdait sa fonction organisatrice de l'espace commun, et le bruit du moteur électrique tout juste installé sur la margelle du puits centenaire signifiait que la maîtresse de maison n'avait plus à actionner la manivelle grinçante. A notre arrivée, en 1953, le décor domestique était encore début de siècle. En 1960, à notre départ, il n'en restait plus trace.

La différence était dans les mentalités. Ici, pas de traces de servitude ou de dépendance. Des esprits libres, individualistes, peu disposés à se laisser influencer, constituaient un noyau relativement important. Cela tenait, à mon avis, à la structure de la propriété. Il y avait bien un gros propriétaire, aristocrate plus authentique en lignée que les hobereaux de l'autre village, mais il régnait sur un nombre limité de métayers, et son influence était faible. Les paysans étaient pour l'essentiel des petits propriétaires, à la tête d'exploitations familiales, et ne dépendaient de personne. Une grosse coopérative faisait vivre des salariés qui n'avaient pas de comptes à rendre hors de leur travail. Le choix de l'école était une affaire familiale, qui ne faisait aux yeux de l'opinion que confirmer ce que tout le monde savait déjà.

Le maire était un de ces petits paysans indépendants, de ce genre d'hommes dont on dit un peu péjorativement qu'il est un « brave homme ». C'était vraiment un brave homme, qui n'avait pas pris la mesure de la révolution de civilisation qui s'effectuait sous ses yeux. Je revois sa stupéfaction le jour où je lui demandai, à l'occasion d'une visite à sa ferme, sise dans un hameau écarté, d'installer une douche dans un cabinet de toilette de notre logement, dépourvu d'eau comme c'était alors la règle. Justement, ce jour-là, il se lavait les pieds dans une cuvette, installée au milieu de la cuisine. Quel intérêt à se faire tomber de l'eau dessus quand on pouvait se laver à l'évier de la cuisine, quitte à déployer les grands moyens le samedi soir ? Certes. Mais il fit le nécessaire, appuyé il faut le dire par quelques conseillers municipaux eux-mêmes en cours d'équipement. Si j'étais resté quelques années de plus, j'aurais fini par avoir de vraies toilettes, et, qui sait, peut-être le chauffage central avec chaudière murale branchée sur butagaz.

Les dispositions à l'égard de l'école laïque n'étaient plus celles que nous avions connues. Le choix d'une école, pour les filles — objet comme ailleurs de la sollicitude de l'Église —, était vraiment libre : personne n'avait le pouvoir de faire pression. Résultat : elles se partageaient à peu près également entre l'école laïque et l'école confessionnelle, soit une trentaine de chaque côté.

Il y avait bien une guerre du recrutement, à laquelle nous évitions de prendre part, tout simplement parce qu'elle impliquait des démarches qui nous paraissaient grotesques. Ainsi, les religieuses ne manquaient jamais de faire une visite aux accouchées récentes lorsqu'elles avaient une fille, suggérant sans détours de l'inscrire dès maintenant dans leur école. Nous vîmes un jour arriver en fureur une jeune femme depuis peu installée dans le village, et mère d'une petite fille. La visite des religieuses l'avait à ce point exaspérée qu'elle tenait à nous dire qu'elle se ferait une obligation d'inscrire sa fille à l'école laïque, ce qu'elle fit... quatre ans plus tard.

Les motivations d'inscription « chez les sœurs » étaient variables. Quelquefois purement idéologiques : l'école confessionnelle était classée « de droite ». En réalité, des électeurs fidèles de la droite — il n'y avait de militants d'aucun parti, mais tout le monde savait comment votait tout le monde — étaient très attachés à l'école laïque, et des électeurs de gauche choisissaient parfois avec un sentiment de culpabilité d'inscrire leur fille à l'école confessionnelle. C'était, disaient-ils, spontanément, car personne ne leur demandait rien, et surtout pas nous, pour faire plaisir à leur femme. La femme était considérée comme responsable de l'éducation des filles, et comme elle avait souvent fait sa scolarité chez « les sœurs », elle était plus influençable. C'est d'ailleurs ce que pensait Jules Ferry, en cela bien de son temps. Méfiant d'instinct par rapport aux rumeurs, je suis obligé de reconnaître que celle-là pouvait s'appuyer sur quelques cas indiscutables. Les religions s'intéressent particulièrement au sexe réputé faible, ce que me confirmera, bien plus tard, certaine affaire de foulard.

Un paysan à qui j'avais rendu service, une de ces innombrables histoires de cadastre pour vérifier le tracé d'un chemin mitoyen ou la validité d'un passage pour droit de puisage, lui-même sans enfant, éprouva un jour le besoin de se justifier devant moi des choix scolaires de son frère.

« Tout ça est de la faute de sa femme, maître Gauthier (appellation inusitée, que j'entendais pour la première fois), me dit-il en me servant un verre de sa terrible eau-de-vie. Notre pauvre père ne mettait jamais les pieds à l'église. Je dis souvent à mon frère : de là où il est (le paradis, je suppose), notre pauvre père, il doit vous maudire, toi et ta femme. Surtout elle. »

Il n'était pas loin de penser que l'infidèle aurait dû pour le moins aller à confesse pour expier le péché de s'être détourné de l'anticléricalisme paternel.

Il aurait été mal reçu. Car le curé du village était un vieillard irascible, qui inspirait à ses paroissiens à la fois terreur et plaisanteries. Entre eux, et devant moi, ils en parlaient en souriant, l'appelant par son prénom. Devant lui, je suppose, ils n'en menaient pas large. Avec celui-là, pas de conversations lors des rencontres dans la rue. La première fois, je le saluai, par déférence pour son âge. Il passa en regardant droit devant lui de son œil terrible. La deuxième fois, je récidivai, pour voir. Il me foudroya du regard, tel l'ange exterminateur, mais n'esquissa pas la moindre réponse. Je m'en tins là. En huit ans, nous n'avons pas échangé un seul mot.

Au moins, tout était clair. Il disposait d'une salle paroissiale, mais il en était le gérant légitime. Je lui aurais demandé de la louer, ce à quoi je n'ai pas pensé une seconde, qu'il m'aurait probablement envoyé quelque objet, sacré ou non, à la figure. Ni la commune, ni l'école, ne disposaient pourtant de la moindre salle, ce qui allait être en partie à l'origine de mes activités pour les années suivantes.

Ce village, en population au moins, était plus important que le précédent : 729 habitants au dernier recensement, contre 480. Sur le plan commercial, il n'était guère mieux fourni : deux épiceries-café minuscules, l'une dans le secteur « républicain », l'autre dans le secteur « clérical ». Bénéficiant du voisinage de l'église, la seconde pouvait au moins compter le dimanche sur la clientèle des hommes attendant leur femme à la sortie de la messe. Pour le reste, les artisans classiques de village, maréchal-ferrant, menuisier, maçon, quelques employés à la coopérative, et la triade minimale de fonctionnaires (la gare, la poste, l'école).

Ce village était la seconde moitié de l'« Entente » dont j'avais eu à m'occuper dans le premier. En mon absence, l'Entente n'avait pas pris une vigueur particulière, et le football moribond ne semblait pas sur le point de renaître. Cependant, il y avait des jeunes au village, la plupart restés pour continuer l'exploitation familiale. D'autres, qui travaillaient ou continuaient de modestes études dans l'une ou l'autre des bourgades des environs, revenaient au bercail en fin, et quelquefois en milieu de semaine. Filles et garçons, ils étaient environ une trentaine. Ils avaient pour toute distraction le bal du samedi soir — mais il fallait faire parfois, selon le caprice de rotation des orchestres, jusqu'à une vingtaine de kilomètres —, et le cinéma du chef-lieu de canton, ou, mensuellement, celui de la salle paroissiale. Ce vide des campagnes, insupportable pour des jeunes, et qui d'ailleurs contribuait à accélérer le mouvement déjà en cours de désertification, fut pour nous l'occasion, inattendue, d'une activité nouvelle, et d'une véritable découverte. C'est la matière même de cette seconde partie.

III

Problèmes, dictées... c'est reparti

Ils sont là, face à moi, de nouveau. Ce ne sont pas les mêmes, et je ne suis pas le même. Mais c'est la même école, qu'on dirait éternelle. trente-cinq têtes, et non plus quinze. Et le sentiment d'être là pour la vie, à devoir recommencer problèmes et dictées. En dix-huit mois « sous les drapeaux », j'ai appris que le mépris existait, que l'instituteur devait se ranger avec humilité dans l'armée des obscurs et des sans-grade, qu'apprendre à lire, écrire, compter devait être la butée extrême de ses ambitions. Qu'il était, une fois pour toutes, un « primaire ».

« Je t'avais prévenu », m'aurait répété le vieil instituteur.

« Viens avec nous, il n'y a que le changement en politique pour nous en sortir », me répétaient, discours inchangé, les militants qui ne perdaient pas une occasion.

« Qu'est-ce que tu attends, maintenant, pour t'intéresser vraiment à l'agriculture, et organiser des cours du soir ? » me soufflait le maître agricole, désormais détaché dans un service spécialisé, et à la recherche de correspondants.

« Une mise au point s'impose, me dit l'inspecteur primaire à sa première visite. Les cahiers de vos élèves dénotent un laisser-aller : il n'y a jamais de points sur les i. »

Celui-là, je lui en ai voulu longtemps, pas tant pour les réserves de son rapport que pour son inaptitude à répondre à mes vraies questions. Mais cela ne faisait que renforcer mon sentiment que j'étais seul, et que les autres se consolaient de l'être en prêchant quelque religion, politique, professionnelle, ou celle, plus reposante, des points sur les i. Alors, que faire ?

« — C'est une grande question, dit Candide.

Ce discours fit naître de nouvelles réflexions, et Martin conclut que l'homme était né pour vivre dans les convulsions de l'inquiétude, ou dans la léthargie de l'ennui. »

Telle fut la réponse de Voltaire, que j'avais pris le parti d'ouvrir au hasard pour trouver une réponse : j'avais lu dans un roman d'aventures que certains pratiquaient ainsi avec la Bible. La réponse me plut, je la notai sur un cahier qui a résisté à tous mes déménagements.

Donc, à l'origine de cette digression, trente-cinq paires d'yeux fixés sur moi, dans l'attente respectueuse et résignée de mes décisions. C'était en 1953, et la révolte ne venait à l'esprit d'aucun de ces enfants soumis à une stricte discipline familiale, lieu de conciliation des morales chrétienne et républicaine.

« Prenez une feuille de papier. Dictée. »

En bref, ça recommence. Ensuite, problème : « Deux trains roulant respectivement à... » etc., etc.

Et après ?

J'en étais resté, en matière de morale, d'histoire,

de rapports à l'actualité, au point vaguement esquissé dans la première partie. Je ne savais pas encore que j'avais affaire à une opinion publique nettement moins inquisitoriale, et beaucoup plus indifférente à mon engagement personnel, pourvu qu'il restât dans les limites floues de la bienséance politique. Il me restait, maigre acquis, le souvenir encourageant de mes essais, plutôt réussis, en matière de poésie comme ouverture à la sensibilité et entraînement de la mémoire. Et je venais de découvrir que l'électrophone tout neuf légué par mon prédécesseur permettait de faire entendre, avec une qualité d'écoute inconnue en ces temps reculés, des poèmes enregistrés par des comédiens, et pour les plus récents par leurs auteurs. Paul Éluard était mort cette même année, ce fut mon premier disque microsillon. Je le fis écouter. Il me sembla que le silence était d'une autre qualité. Aujourd'hui encore, je me demande : était-ce la nouveauté de l'appareil ? la vague crainte qu'on éprouve toujours d'un nouveau maître ? ou la qualité de cette voix, parlant au-delà de la mort et du temps écoulé depuis la guerre déjà lointaine ?

> « *Paris a froid Paris a faim*
> *Paris ne mange plus de marrons dans la rue*
> *Paris a mis de vieux vêtements de vieille*
> *Paris dort tout debout sans air dans le métro...* »

Les plus jeunes étaient nés depuis la fin de la guerre. Ils ne savaient pas ce que c'était que manger des marrons dans la rue. C'était par ailleurs, durent-ils penser sans broncher, une drôle d'idée : pour eux, les marrons étaient les fruits non comestibles du marronnier ; quant aux châtaignes, on les mangeait chez soi. Ils avaient vaguement entendu parler du métro, comme d'un endroit infernal, même en temps de paix. Et pourtant, leur voix prit à la lecture, après avoir entendu souvent celle, chaleureuse et un peu chevrotante, d'Éluard, des inflexions inhabituelles lors de l'exercice traditionnel de récitation.

Et justement, Yves Montand, encore peu connu, récitait sur un autre disque *Barbara*. « *Quelle connerie la guerre* » était légitimé.

Je limitais les explications au minimum, forçais plutôt sur la diction et les attitudes. Je les incitais à poser des questions, quand ils ne comprenaient pas. Ils n'osaient pas. Cela vint un peu plus tard, tout d'un coup.

« Et l'esprit critique, dans tout ça ? La poésie, ce n'est pas mal, mais ça ne dissipe pas les brumes, vint me dire Jules Ferry une nuit que son fantôme était de permission parmi nous.

— C'est de ta faute, lui répondis-je. On ne s'est pas encore remis de ta Lettre. Les sciences n'inspirent plus le même respect que de ton temps. Aujourd'hui, si on veut développer l'esprit critique, il est impossible de fuir les problèmes brûlants.

— Ne détourne pas la conversation, dit l'ancêtre. Si la bonne vieille morale de nos pères est vraiment trop vieille, n'hésite pas à la bousculer un peu. J'écrivais pour tes ancêtres, qui n'avaient pas vu le monde.

— Grâce à toi, on le voit. J'espère que tu suis les événements d'Indochine, un autre de tes cadeaux.

— Pas d'anticolonialisme primaire, me dit-il en s'énervant. Chaque époque résout ses problèmes. Cesse de me réveiller en fouinant dans mes écrits. Débrouille-toi. Et souviens-toi : l'esprit critique. La science qui unit les esprits, la morale qui unit les cœurs. Le reste est littérature. »

Et sa silhouette se dilua dans la nuit. Exit Jules Ferry.

Je reformulai le problème autrement, sans doute selon une expression que j'avais lue quelque part, et retenue machinalement : apprendre à penser.

Qu'est-ce qu'apprendre à penser ?

Et d'abord, moi-même, avais-je appris à penser ? Les pensées se bousculaient dans ma tête dans un tel tohu-bohu que je venais à en douter.

D'abord douter. De tout, systématiquement, mais surtout de ce que j'ai envie de croire. Ça, je savais faire. Mais comment le dire à des enfants qui, spontanément, croient tout ce que les adultes leur disent, et d'autant plus qu'ils s'en moquent ? Ce ne sont pas leurs affaires, ils écoutent par routine, par crainte, et même pour être gentils.

Ensuite, distinguer entre les faits, incontestables, et les opinions, soumises à discussion. Mais comment vérifier, quand on ne dispose pas de moyens de vérification ? J'ai relu, par curiosité, la presse de ces années-là, toutes opinions confondues : l'essentiel de ce qu'on écrivait sur l'Indochine et le début du conflit algérien était faux, ou plutôt partiel et partial. Et il n'est pas vrai qu'on puisse rétablir la vérité en additionnant des informations tronquées : on s'accroche alors à son choix initial, en accumulant les arguments pour, et en censurant les autres.

Enfin, raisonner avec rigueur, en mettant à profit les acquis de la logique. Par là, je retrouvai quelque vertu aux problèmes dont les énoncés me semblaient toujours transférés de quelque univers parallèle. Je découvris l'efficacité des problèmes sans chiffres. Jouissance des contraires, des raisonnements mal construits, dont il faut détecter l'absurdité. Peut-on épouser la sœur de sa veuve ?

Les esprits forts me prenaient au mot. Un jour que je vantais la liberté, d'une manière terriblement abstraite (c'était à propos du poème d'Éluard qui porte ce titre), un élève de fin d'études me dit soudainement :

« En France, on n'est pas libres.

— Que veux-tu dire ?

— On est obligé d'aller à l'école.

— Et de se faire vacciner », ajouta un autre.

Beau thème pour une leçon d'éducation civique. Je ne m'en privai pas, mais, à l'avenir, j'évitai les proclamations.

Ce dont j'étais le plus fier, c'était de ce qu'ils eussent osé me contredire, en quelque sorte me défier. Lors d'une très courte conversation, mon prédécesseur m'avait parlé de leur passivité.

Quand je raconte cette anecdote à de jeunes collègues, ils n'en croient pas leurs oreilles. Ainsi, il était une fois des enfants qui restaient silencieux en classe...

C'était il y a très très longtemps, sans doute dans un autre pays.

IV

Une France d'avant

Parce que nous sommes en 1994, il me faut insister sur un trait de ce village, mais aussi des villages environnants, qui allait tellement de soi il y a une quarantaine d'années que personne ne songeait à le relever. Il explique pourtant en grande partie les orientations de notre travail pendant le reste de la décennie.

En cherchant bien, on aurait pu évidemment mettre en évidence des distinctions sociales renvoyant à des croyances et des représentations contrastées. Entre petits propriétaires, ouvriers agricoles, artisans, ouvriers, fonctionnaires, il y avait des comportements différents se ramenant essentiellement à deux critères : les choix électoraux, théoriquement confidentiels, mais souvent divulgués par d'invérifiables rumeurs ; la pratique religieuse, avec sa conséquence la plus spectaculaire, le choix d'une école pour les filles. Pour le reste, peu de différences visibles au niveau de la richesse : les riches étaient ailleurs, on en parlait quelquefois comme de ténébreux vampires tapis dans l'ombre, mais hors de l'espace du village. L'aristocrate local n'était pas pris très au sérieux, et se faisait battre régulièrement aux élections municipales.

Mais la plus grande unité résidait dans la similitude des origines familiales. Étaient considérés comme étrangers ceux qui étaient nés à plus de trente kilomètres. Les archives municipales, assez complètes, quoique à l'abandon dans le grenier commun à l'école et à la mairie, faisaient apparaître des noms familiers, lointains ancêtres de nos élèves. Il aurait fallu consulter le registre des baptêmes pour confirmation, mais il n'était pas question pour le curé de nous laisser accéder à son trésor. Presque tous les enfants, en tout cas, pouvaient faire état d'arrière-grands-parents autochtones. A quelques transplantés près (fonctionnaires, métayers, intégrés par mariage), le droit du sol aurait pu se confondre avec le droit du sang. Pas le moindre immigré ou descendant d'immigré, même espagnol, italien ou polonais. A l'exception de leurs promenades militaires forcées, les hommes n'avaient jamais quitté le village, et les femmes encore moins. Je suppose que c'est ce qu'on appelle aujourd'hui une communauté ethnique.

Cette homogénéité culturelle et sociale ne coupait pas le village de la plus vaste communauté nationale, dont les valeurs traditionnelles étaient acceptées spontanément. L'école laïque et ses livres d'histoire n'étaient pas pour rien dans cette conviction. L'envers de cette adhésion, c'est que la France tout entière se devait de ressembler au village, qui devenait en quelque sorte l'étalon de l'identité nationale. Certaines provinces périphériques, sur lesquelles circulaient de vagues anecdotes, étaient sinon exclues, du moins maintenues en suspicion. Pour personne ici, « l'Algérie, c'était la France », selon le slogan alors en vogue : c'était une colonie. Il y avait ceux pour qui c'était bien, et ceux pour qui la France n'avait rien à faire de l'autre côté de la Méditerranée. Personne ne s'en préoccupa beaucoup jusqu'à l'envoi du contingent.

Les seuls étrangers — mais alors, vraiment étrangers — étaient les « Bohémiens », comme on appelait alors ceux qui sont devenus poétiquement les « gens du voyage », tout en gardant le même statut. Quand ils arrivaient avec leurs roulottes tirées par des chevaux, on prenait les précautions d'usage en cas d'invasion. On leur donnait cependant des chaises à rempailler et des couteaux à aiguiser. Comme ils n'étaient pas très bavards eux non plus, les échanges étaient rares. Deux mondes totalement étrangers se côtoyaient pendant quelques jours. Ce passage n'avait pas plus d'incidence sur la vie du village que l'existence des Maoris aux antipodes.

Quand une communauté se pose à la fois comme singulière et comme miroir d'une société tout entière, elle a naturellement confiance en ses valeurs, et pense sans forfanterie qu'elle est une sorte de matrice d'universalité. Hors d'elle, il ne saurait y avoir qu'aberrations et étrangetés, parfaitement tolérables, et même pittoresques à condition de ne pas empiéter sur le territoire protégé. Pas de racisme au village, inutile donc d'introduire dans la morale enseignée l'antiracisme, notion parfaitement incompréhensible, génératrice tout au plus d'idées malsaines.

Le monde extérieur commence à proposer ses sortilèges. Leur progression sera foudroyante, grâce à l'automobile qui équipe en un temps record les foyers aisés, escortée, à deux ou trois années près, par la télévision.

En 1953-1954, on ne sent encore que des frémissements. Le village vit au rythme des saisons et des travaux des champs. L'ouverture sur le monde se fait par deux voies radicalement différentes, et perçues, à juste titre d'ailleurs, comme antagonistes. La religion catholique, fortement influente malgré la progression d'un scepticisme prudent chez les hommes, vante l'étendue de son implantation. Là où elle n'est pas dominante, c'est qu'elle est persécutée, dit en substance le curé. Cette participation à une communauté croyante est renforcée par l'activité des missionnaires, les pèlerinages à Lourdes, la publicité faite en chaire aux déclarations pontificales, l'unité du culte, et l'image lointaine de son faste dans les cathédrales où l'on célèbre les grandes fêtes qui commandent le calendrier.

La République laïque, présente par l'école et la loi, propose d'autres valeurs qui mettent en avant l'unité de la nation, qui a vocation pour rayonner sur le monde. Ce rayonnement, depuis la guerre et le système des alliances qui ont placé les États-Unis à la direction du monde, est en retrait manifeste. La fin de l'Empire a été évidente avec la défaite militaire de Diên Biên Phu (mai 1954). Les accords de Genève (juillet 1954), qui mettent fin au conflit indochinois, sont accueillis avec le sentiment qu'une page a été tournée. Il reste que l'idée de France, liée indissociablement à la Révolution française, manifeste une vitalité tranquille. Personne ne formule ainsi ce qui est dans toutes les têtes avec la solidité d'une évidence, mais la France est le pays des Droits de l'Homme, de Valmy *et* la fille aînée de l'Église. Ce qui n'empêche pas l'école et l'église d'être deux pôles de ralliement plus symboliques qu'effectifs.

Tout ceci fait, somme toute, bon ménage au sein d'une population paisible, fortement attachée à son identité villageoise et à son identité nationale, imprégnée par l'école des valeurs de la République, et par l'Église de la conviction que le christianisme est consubstantiel à la civilisation. Il n'y a pas de guerre scolaire, pas de lutte des classes — ou alors, ailleurs —, pas de conflits ethniques ; une frontière invisible au tracé subtil sépare ceux qui penchent plutôt pour la République de ceux qui penchent plutôt pour l'Église. Quant aux superstitions, préjugés, croyances vagues, représentations venues de loin, qui constituent le fonds culturel commun, le curé et l'instituteur, pour une fois sur le même front, ont beau user de persuasion, chacun avec ses méthodes, c'est comme s'ils chantaient.

Une fois sortis de l'école, nos élèves plongeaient dans ce milieu redoutablement consensuel, retrouvant les préceptes d'antan, le rapport à la nature, une culture paysanne d'autant plus forte que plusieurs générations vivaient sous un même toit. Tout notre enseignement, tourné vers la maîtrise de l'écrit, devenait quelque chose d'irréel, sans rapport avec la vie.

« La vraie vie est ailleurs », auraient-ils pu me dire.

Bien entendu, cet « ailleurs », je l'aurais volontiers entendu autrement, plutôt du côté de Jules Verne — qui, je dois le reconnaître, n'avait pas grand succès, sauf les aventures mettant en scène des adolescents, comme *Les enfants du capitaine Grant, Un capitaine de quinze ans, L'école des robinsons* — que du côté des traditions de terroir. Je désespérais de faire entrer le monde dans ces têtes sages, qui semblaient désespérément coupées du rêve et de l'appel du large. Non pas que j'eusse le désir d'en faire des marins, encore moins des coloniaux, ce qui n'était plus le moment, mais pour moi, il n'y avait de lecture que pour nourrir le rêve, et il n'y avait d'ancrage des connaissances acquises à l'école que par la lecture. L'école avait certes des vertus : on lui devait, pour le meilleur et pour le pire, ce sentiment d'appartenance à une communauté nationale, et une intériorisation approchée de la devise républicaine. Sur le plan strict du savoir et de l'apprentissage du bien-penser, il n'y avait à mes yeux d'espoir que par le relais de la culture ambiante. Une école est, avec certaines limites, un instrument de culture, mais elle ne joue pleinement son rôle qu'immergée dans un milieu cultivé. Comment en sortir ?

V

D'autres terres en vue

Un soir, au début de l'automne de ma seconde année, alors que j'étais considéré désormais comme le « maître », celui qui doit rester pour de longues années dans le village, je corrigeais, comme presque chaque soir, ma pile de cahiers dans ma classe. J'avais pris ce parti d'y rester tard, et de rentrer chez moi les mains libres. Je finissais par me sentir bien dans la classe enfin silencieuse, malgré l'archaïsme du décor et la lumière parcimonieuse de l'unique ampoule (40 watts, d'ailleurs exprimés en « bougies »). Cette lumière allumée tard le soir était devenue une sorte de signal familier, d'autant plus que l'école était, à l'opposé de la précédente, bien au centre du bourg. A une centaine de mètres de là, à l'école de filles où nous avions emménagé depuis que ma femme en était devenue directrice, une autre lumière brillait. Ce témoignage d'une activité du soir, toujours remarquée par les rares passants, suscitait l'estime de cette population où l'on travaillait dur, et qui avait quelque tendance à croire que l'instituteur se la coulait douce.

« Facile, me disait un ami que le hasard avait dirigé vers une autre voie, tu laisses la lumière allumée, et ta réputation est garantie. »

Je ne suis pas sûr que le subterfuge aurait marché. De temps en temps, quelque passant, père d'élève ou simplement embarrassé dans un problème d'écriture, frappait à la porte sur rue, pourtant condamnée en raison de l'exiguïté de la classe. Par la fenêtre, je dessinais du doigt le tracé du circuit à emprunter (j'avais condamné la porte, bousculant des habitudes pratiquement incrustées dans les gènes des anciens élèves), et le visiteur arrivait jusqu'à moi en traversant un corridor plongé dans l'obscurité et la cour minuscule qui aurait dû être de récréation.

Ce soir-là, ils étaient quatre, deux garçons et deux filles de dix-huit-dix-neuf ans, élèves de l'école laïque, du temps de nos prédécesseurs. Tournant leur casquette entre leurs doigts, les deux garçons m'expliquèrent qu'ils étaient dans le village une bonne vingtaine dans leur cas, sans compter ceux qui, apprentis ou élèves dans un cours complémentaire, revenaient au village pour les fins de semaine. Ils s'ennuyaient, trouvant le soir peu d'occasions de se réunir faute de local, mais aussi peu de prétextes d'activités.

Le curé, continuèrent-ils (évoquant mon rival présumé, ils pensaient appuyer leur argumentation), réunissait les jeunes dans la salle paroissiale, où ils donnaient chaque année une représentation. Je les voyais venir, leurs parents ayant par des phrases anodines préparé le terrain. Mais voilà, chez le curé, ils s'ennuyaient, sans compter ceux qui par principe n'auraient jamais consenti à y mettre les pieds. Quant aux filles, anciennes élèves de l'école laïque, elles n'avaient aucune chance d'être admises, ce qui tombait bien puisqu'elles n'avaient aucune envie d'y aller. Bref, si je voulais bien m'en occuper, ils ne demandaient qu'à créer une amicale d'anciens élèves de l'école publique. On pourrait, pour commencer, « jouer une pièce » (de théâtre s'entend), et, avec l'argent recueilli, faire un voyage à la belle saison. J'avais seulement cinq ou six ans de plus qu'eux, le curé trois fois plus, et ma jeunesse les intéressait plus que le rayonnement de l'école laïque. Je rappelle que le curé n'était pas précisément commode, et que son tempérament irascible ne facilitait pas le climat des répétitions.

Comme je ne disais rien, les écoutant d'un air intéressé, ils me proposèrent de dresser sur-le-champ une liste des jeunes à convoquer pour une prochaine réunion. Critère : les anciens élèves des écoles publiques, filles et garçons, donc de quinze à vingt ans. On verrait plus tard à élargir. Certains garçons étaient déjà enrôlés dans « la troupe du curé » : on décida de les convoquer tout de même, à eux de voir. Je dis oui, je ne pouvais pas dire non. J'allais donc avoir ma « troupe », moi aussi.

Quand la délégation eut tourné les talons, je me retrouvai d'un côté plutôt satisfait, de l'autre tout à fait angoissé. Car, non seulement je n'avais aucune expérience de la mise en scène, mais je n'étais jamais allé dans un théâtre digne de ce nom. Quand j'étais enfant, une troupe passait chaque année dans mon village natal, montait son chapiteau sur une grande place au bord de la rivière, et jouait invariablement une année *La porteuse de pain*, une autre *Les deux orphelines*, et une troisième *Le maître de forge*. J'avais vu chaque pièce deux fois, mais ce théâtre-là ne m'avait pas laissé d'impérissables souvenirs. Plus tard, au collège et à l'école normale, j'avais étudié comme tout le monde quelques grandes tragédies et comédies classiques, sans vraiment réaliser qu'elles avaient été faites pour la scène : pour moi, c'était de la littérature. Des tournées venaient de loin en loin au théâtre municipal du chef-lieu du département, mais leur niveau de médiocrité était tel que, même pour des collégiens sans culture théâtrale, leurs prestations apparaissaient comme des parodies. Je me souvenais d'une Dona Sol qui, avec Hernani, devait bien totaliser cent vingt ans (et 160 kg). Est-ce que j'allais faire pire encore, en confiant le rôle de Don Diègue à un gamin de quinze ans, maintenant que je m'étais empêtré dans cette histoire ? Mon expérience de colonie de vacances et de saynètes quasi improvisées ne m'était pas non plus d'un grand secours.

Je fis venir les catalogues des éditeurs qui proposaient pour les fêtes scolaires ou de patronage des titres avec un résumé et, surtout, le nombre d'acteurs requis (4h, 3f ; 2f, 6h, etc.), renseignement précieux pour qui voulait occuper tout le monde. Je soupçonnais des abîmes de médiocrité, j'avais raison.

J'étais, bien entendu, adhérent, par la coopérative scolaire, de la Fédération des œuvres laïques, dite FOL. On y trouvait des costumes à louer, des projecteurs de scène, on pouvait y emprunter les textes du répertoire des amicales laïques. Un jeudi, je ramenai toute une collection de brochures que je me mis à lire consciencieusement, en pensant au décor — mieux valait éviter les mobiliers fastueux, les forêts luxuriantes et les palais de rêve —, à la difficulté des textes, au nombre de personnages. Je me fixai des limites : pas de grands textes, qui auraient trop souffert de la diction approximative de mes amateurs, pas de textes difficiles parce que je craignais les réactions du public, pas de concessions non plus à la facilité ou à la vulgarité. Au terme de ma lecture, il ne restait pas grand-chose. Un seul auteur me parut apte à me servir de banc d'essai : Labiche. Je sais bien, pour qui rêvait d'apporter la culture dans les campagnes, la bourgeoisie du Second Empire n'était ni une référence, ni un monde directement accessible au public rural. Il me semblait, à travers mon inexpérience, qu'il y avait des ressources dans le dialogue. J'élus donc, à titre provisoire, *La cagnotte*. On verrait bien à l'usage.

Le jour fixé pour la réunion, ils étaient une vingtaine. Je leur expliquai selon quel cheminement ils avaient été convoqués. Ils savaient, et même avant moi, d'après ce que je compris. Je parlai des difficultés du répertoire. Ils s'en moquaient, et s'en remettaient à moi. J'avouai, sans trop insister, que je n'avais guère dirigé que des saynètes pour colonies de vacances. Ils me faisaient confiance. Je glissai qu'il n'était pas facile de mettre tout le monde sur scène. Ils me dirent qu'on pouvait très bien se débrouiller avec des intermèdes, chants, histoires. Ayant quelque expérience des banquets de campagne, je fis la grimace, ce qu'ils remarquèrent. Finalement, je plaçai la question la plus angoissante : où présenter le spectacle, puisque nous n'avions pas de salle ? Ils y avaient pensé, allant jusqu'à tâter le terrain auprès d'un agriculteur du bourg, qui disposait d'une remise où séjournait habituellement son matériel. Il suffisait (!) de sortir le matériel, d'installer une estrade, de tendre des bâches sur le devant, ouvert à tous les vents, d'amener des bancs, de s'assurer d'une ligne électrique. Sans compter les à-côtés, négligeables. J'en oubliai les difficultés du répertoire, du coup simple détail. Tout le monde partit, enchanté. Sauf moi, angoissé par l'immensité de la tâche, mais pas mécontent au fond de cet accroc à la monotonie des jours.

Le lendemain, je me rendis sur les lieux. Le propriétaire, un ami de l'école laïque — tout passait par là — m'attendait. Il me fit visiter les lieux. J'eus comme un vertige devant ces charrues, moissonneuses, charrettes, rouleaux, ancêtres-tracteurs, véritable exposition de matériel agricole en cette année d'avant la mécanisation totale. Il allait falloir déménager tout cela.

Les répétitions commencèrent. La distribution des rôles se fit presque au hasard. On commença par une lecture : c'est là que j'étais le plus à mon aise. Les garçons, pour la plupart, lisaient péniblement, lentement, moins bien qu'en classe de fin d'études. Ils avaient tout simplement perdu l'habitude de la lecture. Je redevenais le maître, avec une classe de volontaires, pleins de bonne volonté. Ils ne s'ennuyaient pas, avaient plaisir à être ensemble, plaisantaient lors des pauses, acceptaient avec bonne humeur mes observations. Je me devais d'aller jusqu'au bout. Je retardais autant que je pouvais le moment où ils allaient devoir, le livre à la main, transformer la lecture en dialogue et en action. Mon assurance m'abandonnait. Quels conseils leur donner pour qu'ils ne restent pas raides et gauches sur scène ? Or, j'en étais sûr, ils allaient rester face à face plantés comme des piquets de vigne, selon leur expression. Ce qu'ils firent, perdant même tous les acquis de la lecture.

Il fallait donc que j'aille moi-même prendre quelques leçons, et surtout apprendre par l'expérience ce qu'était vraiment le théâtre. En ce temps-là, à de rares exceptions près, il n'y avait de théâtre que parisien.

La Ligue de l'enseignement d'un côté, une association étroitement patronnée par les services de la Jeunesse et des Sports de l'autre, qui avaient en charge l'éducation populaire (c'est ainsi que je prêtai attention à cette branche d'activités), organisaient à Paris, pendant les vacances de Noël, des « séjours culturels », sortes de marathons de recyclage pour provinciaux dans mon genre. Tôt le matin, les participants se lançaient dans une course à travers Paris, de musée en cinéma, de monument classé en rencontres avec d'illustres personnalités, pour terminer en soirée avec une représentation théâtrale, qui se prolongeait souvent le lendemain par un débat avec l'auteur s'il était vivant, le metteur en scène et quelques acteurs. Tard dans la nuit, tout le monde regagnait les immenses dortoirs glacés de quelque lycée parisien, ou pire, de banlieue, vacant pour cause de vacances. Le programme était digne d'Athènes, les conditions matérielles étaient spartiates.

Nous voici donc inscrits pour un séjour, le premier d'une longue série. C'est ainsi que nous découvrîmes le théâtre. Première rencontre, un peu déconcertante, mais excellente pour remettre en cause les idées reçues et jamais vérifiées : *La cantatrice chauve*, de Ionesco, alors à la mode, ainsi que ses confrères en avant-garde, Adamov et Beckett. Un choc. Et le sentiment d'être à des années-lumière du village, de l'école et de la remise aux instruments agricoles. Ce qui me sauva — car, franchement, je n'aimais pas ça — ce fut de veiller à la mise en scène plus qu'au contenu. Avec un regard de technicien candide, je m'intéressai au jeu des acteurs, à leurs déplacements, à l'occupation du plateau. Au fond, je regardais du Ionesco dans un théâtre parisien, en me demandant ce que je pouvais bien en tirer pour faire interpréter Labiche au plus profond des campagnes. Ionesco, heureusement, n'en a jamais rien su.

Nous vîmes aussi *Oncle Vania*, de Tchekhov, un monde plus familier pour nous qui nous étions passionnés pour les contes et récits du grand écrivain russe, *Le mal court*, d'Audiberti, décors de Leonor Fini, et des spectacles plus classiques dans des lieux prestigieux où le rouge et l'or étincelaient sous la magnificence des lustres. Le public semblait venir d'un pays inconnu. Que pouvait-il penser de ces campagnards égarés en ce lieu ? Il n'en pensait rien, évidemment, car, à quelques maladresses près, nous n'étions pas si aisément identifiables.

Pour la première fois, nous entendîmes parler de Bertolt Brecht, dont *Mère Courage* venait d'être repris par le TNP. Nous fûmes un peu déroutés par ce type de théâtre, mais encore plus par les discussions passionnées qui s'échangeaient autour de nous : il s'agissait de comparer la mise en scène de Jean Vilar et celle du « Berliner Ensemble », venu présenter la même pièce (en allemand !) au mois de juin précédent. La rencontre avec Brecht fut ratée, mais ce ne fut que partie remise. On ne rentre pas sans préparation dans un tel univers.

Ce rendez-vous annuel devint pour nous une sorte de rite autant qu'une occasion d'actualisation des connaissances, comme on ne disait pas encore. Avant la fin des années 50, cependant, ce fut le théâtre qui s'approcha de nous par des apparitions au chef-lieu de département, au rythme un peu monotone de l'abonnement, qui me valut par exemple unc saison entière avec le même pilier, et le même voisin de gauche, prolixe en commentaires autant qu'à l'étroit dans son fauteuil.

De retour au village, je tombai de haut. Ayant, par quelques stages intermédiaires, amélioré ma pratique, j'acquis, à défaut d'une vraie compétence, un peu d'assurance dans la direction d'acteurs et la rigueur de la mise en scène. De grands mots pour une petite chose, mais il n'y avait pas de petits mots dans le vocabulaire en usage. Je ne crois pas m'être laissé prendre aux mots, restant jusqu'au bout le maître d'école de campagne en charge d'un groupe d'adolescents et de jeunes adultes qui appréciaient plus la chaleur des soirées ensemble que les bribes de culture distillées de la grande métropole culturelle par mon intermédiaire. Je n'étais pas assez modeste pour ne pas me rendre compte au fil des années qu'ils gagnaient en aisance, et que leurs goûts se transformaient. J'avais la faiblesse de croire que j'y étais pour quelque chose, et que je continuais, avec d'autres moyens, la voie tracée par les instituteurs de la IIIe République. De temps en temps, des plumes « autorisées », fustigeant l'obscurantisme théâtral des campagnes dans les revues à la mode, me remettaient à ma place, moi et mes semblables, comme leurs pareils l'avaient fait en raillant mes prédécesseurs, ces ânes savants. Il y a de la continuité dans l'esprit des élites.

A peine fus-je revenu de ce premier séjour parisien qu'il me fut donné de voir à domicile, c'est-à-dire à la ville la plus proche, deux représentations du Théâtre national populaire de Jean Vilar : *Macbeth* et *Don Juan*. Je retrouvais la grandeur des classiques, et je pouvais l'associer à l'audace de l'avant-garde. Ce que j'en tirais dans l'immédiat — car le reste était à une hauteur vertigineuse — c'est que le TNP jouait sans décors, devant un rideau noir, confiant aux acteurs et à l'éclairage le soin d'évoquer l'alentour. C'était du grand art, j'en fis un truc, décidant de jouer sans décors devant des panneaux noirs. D'autres eurent la même idée, et l'innovation devint, comme c'est sa destinée, une sorte de conformisme. Du moins fit-on l'économie de décors misérables, récupérés au petit bonheur dans les greniers sans grand souci ni de l'image scénique, ni de la vérité.

La vraie leçon fut ailleurs : mes « acteurs » devaient absolument voir ce théâtre-là, et mesurer par eux-mêmes la distance entre l'authenticité artistique et notre travail d'amateurs. C'est ainsi que l'année suivante, la « troupe » partit pour Avignon et son festival, découvrant le théâtre dans la cour du Palais des

Papes. Il y eut bien, en même temps, la découverte de la Provence, et la rencontre à distance de stars du moment (Gérard Philipe, Jean Vilar, Daniel Sorano), mais, plus important, le lien était fait entre la pratique de divertissement, et l'intense plaisir de la participation au spectacle. Restait à concilier l'humilité de la pratique à l'acuité de la critique. Être modeste pour soi-même et exigeant pour les autres, ce n'est pas si facile. Je croyais entrer dans une nouvelle phase de l'éducation, dans laquelle l'apprentissage scolaire allait s'ancrer et se conforter dans un environnement culturel élargi. Je ne savais pas que je ne faisais que passer par le bref interrègne entre l'école de Jules Ferry, asile du savoir essentiel, et la télévision, tourbillon à domicile du savoir en miettes.

Revenons au village, en cette année 1954, pour évoquer la première représentation dans la grange vidée de son contenu, et mal protégée du vent par une bâche approximativement fixée. Au plus haut, le sol étant naturellement en pente, l'estrade et le fond de scène en tissu noir. Jusqu'au fond, des bancs et des chaises, collectés dans tout ce que la commune compte de bâtiments collectifs, église exceptée. La veille et tout le samedi, le charroi a été quasi ininterrompu. Les ouvriers bénévoles surgissaient de partout, y compris des villages voisins. Pour la première fois de ma vie, je dirigeais un chantier, du moins lorsque certains, plus rompus aux travaux manuels, ne prenaient pas l'affaire en main. En milieu d'après-midi, la remise était presque devenue une salle. Un local annexe s'était monté à mon insu : la buvette, point obligé de toute fête villageoise, destinée à peupler le long entracte (long pour le bon fonctionnement de la buvette, le cercle était vicieux) et à améliorer la recette. La fête, en effet, c'est toute une économie parallèle, ou, plus exactement souterraine, puisque les déclarations au fisc étaient plus qu'approximatives : tombola, buvette, vente aux enchères, confiserie, etc. Je m'occupe pour ma part de l'appareillage électrique, éclairage, sonorisation. Une mêlée de fils serpentent sous les chaises, et parviennent jusqu'à la cabine de régie improvisée. Qu'un spectateur imprudent se prenne les pieds dans un fil, et c'est la panne générale, au mieux l'interruption de quelque fonction essentielle. De temps en temps, un fusible saute. On le remplace par un plus gros, et c'est la moitié du village qui risque d'être privée d'électricité. Heureusement, il y a des électriciens plus ou moins improvisés. On plaisante : et si le curé venait à manquer de lumière ?

J'ai le trac. Celui, je pense, dont parlent les professionnels du spectacle : notre seul point commun. La « salle » se remplit peu à peu, achevant de donner vie à cet espace détourné. En deux représentations — samedi soir et dimanche après-midi — nous rassemblons, en ajoutant souches des billets et entrées gratuites (artistes et notables, inévitables), les deux tiers de la population du village. Sont absents les vieillards, les enfants en bas âge, les personnes préposées à leur garde ou à la surveillance de la ferme, et, bien entendu, les irréductibles.

Trois coups, musique d'ouverture (le TNP, encore). Le rideau s'ouvre. Un murmure d'étonnement devant la scène vide et les rideaux noirs. Je m'avance, pour les quelques mots d'usage...

VI

Du politique au culturel

Je ne sais plus exactement ni comment ni quand cela s'est passé. Avec le recul, l'année 1956 m'apparaît décisive, mais le processus a dû commencer l'année d'avant, et je n'en ai pris conscience que l'année suivante.

J'ai dit que j'étais militant laïque par instinct, et, au départ, sans le savoir. Mon initiation s'était faite en dix minutes sur un quai de gare, mais il y avait en arrière-plan, inconsciente, une sorte de sédimentation culturelle : question de milieu social et de parcours scolaire. A l'exception de textes vieux de quelques dizaines d'années et des *Propos sur l'éducation*, du philosophe Alain, je n'avais rien lu sur la question, et encore moins dans des écrits récents. D'ailleurs, on écrivait peu, ou alors sous forme de courts articles, hors du champ historique. Ce n'est que récemment que des philosophes se sont intéressés à ce sujet autrefois peu gratifiant.

Pour moi et pour beaucoup dans ma génération, la laïcité était essentiellement une affaire d'écoles :

école laïque contre école privée. Dans l'imaginaire populaire, qui nous entraînait quelquefois malgré nous, cela se traduisait par une rivalité entre instituteur et curé. Le cinéma a d'ailleurs contribué à renforcer cette opposition jusqu'à la caricature : voir *La ligne de démarcation*, de Claude Chabrol, où l'instituteur fait : « Croâ Croâ » dès qu'il aperçoit le curé. L'institutionnalisation du dualisme scolaire, avec la loi Barangé et la suite, a simplement durci cet antagonisme, en passant de l'imagerie bon enfant à une guerre de positions dans laquelle le « camp laïque », comme dit la presse, a dû reculer ses fortifications. L'accent mis plus récemment sur le versant des institutions, donc sur la laïcité de l'État, n'était pas une préoccupation majeure des instituteurs, théoriquement placés aux avant-postes du « front » (je ne suis pour rien dans ces métaphores militaires).

Implicitement, cependant, il y avait bien, derrière l'instituteur, l'appareil d'État, protection efficace contre les coteries locales : on ne déplaçait, je l'ai déjà dit, les instituteurs que dans des cas exceptionnels. En contrepartie, l'instituteur était le relais, sinon de l'État, au moins de la République, véritable instance morale, partage que j'avais tenté instinctivement de réaliser symboliquement lors des cérémonies du 11 novembre au village de mes débuts. La légitimité du maître s'appuyait sur un universalisme républicain, réponse indirecte à l'universalisme catholique.

Conséquences : inséré dans un système politique, au sens noble du terme, l'instituteur considérait comme un devoir sacré de ne pas se mêler, au moins dans sa classe, de la politique. Il lui restait la morale. En matière de morale professionnelle — aujourd'hui on parlerait d'éthique ou de déontologie, mais ces subtilités étaient alors inconnues — les instituteurs avaient bien intériorisé Jules Ferry et le Code Soleil.

En matière d'enseignement de la morale, la crise était patente, et l'embarras évident. Les barrières imposées par la politique d'un côté (neutralité, neutralité), et la religion de l'autre (attention aux tabous familiaux) condamnaient à l'impuissance ou à la banalité. On pouvait parler de propreté en général, mais il aurait été mal vu de se mêler de la propreté corporelle ou vestimentaire de tel élève en particulier. On se contentait donc de rappeler en toutes circonstances quelques règles évidentes de politesse ou de comportement. Pas besoin d'un cours séparé pour ça, la vie quotidienne y veillait.

Dans mes souvenirs, tellement subjectifs, l'enseignement de la science et celui de la morale ont perdu simultanément leur force de conviction dans l'après-guerre, ère du soupçon, ou plutôt de renouvellement des valeurs. Deux domaines privilégiés de l'école laïque devenaient ainsi d'un emploi difficile.

En glissant vers l'éducation populaire, dont le territoire n'était pas seulement « post-scolaire », en raison de la place de l'école dans le village, je déplaçais sans le savoir, comme d'autres en même temps, le problème du politique vers le culturel. Dans le jargon d'aujourd'hui, il me semble qu'on formulerait ce glissement ainsi : fonctionnaire de l'État dans une position inconfortable, je me réfugiais dans le rôle d'acteur de la société civile, en utilisant (abusivement ?) les vestiges d'une autorité en voie de contestation.

La République, ses institutions et sa morale, pouvaient prétendre à l'universel. La culture était par excellence le domaine du relatif. En consentant à admettre que les phénomènes les plus évidemment universels — la mort, la sexualité, la famille, l'alimentation, le langage, et même la religion — donnaient lieu à des manifestations d'une extrême diversité, qui n'obéissaient à aucune rationalité, je sciais la branche sur laquelle on m'avait installé. Je commençais à comprendre, mais sans pouvoir le formuler, pourquoi l'école laïque avait délaissé la dimension esthétique de l'existence. Je ne savais pas encore qu'il peut y avoir une quête d'absolu dans la recherche du beau. La fameuse parole de Dostoïevski (« la beauté sauvera le monde ») n'était pas parvenue jusqu'à moi. Mais cette quête-là ressemblait trop à une religion pour satisfaire une école placée sous le signe de la raison.

J'avais entre-temps presque oublié mes présumés rivaux dont j'entrevoyais furtivement la silhouette fantomatique. Je croisais quelquefois le curé, qui continuait à regarder droit devant lui ; quant aux bonnes sœurs, je n'ai pas souvenir d'avoir seulement croisé leur itinéraire, malgré la fréquence de mes déplacements dans les hameaux et les fermes des environs. J'avais finalement acquis une voiture d'occasion, après cinq années de pratique du deux-roues, sans moteur, puis avec moteur. Par les chemins défoncés, je roulais lentement, et une cornette, on la voit de loin, deux — unité minimale de missionnariat féminin, alors que le curé était seul — encore mieux. Je rencontrais les gendarmes, eux aussi par deux, le cantonnier, tout heureux d'un brin de causette, le garde champêtre en tournée, le facteur, qui faisait à bicyclette 35 km par jour, et me donnait des nouvelles des fermes éloignées. Mais où donc étaient passées les bonnes sœurs, dont on me signalait partout le récent passage ?

Je ne battais évidemment pas la campagne à leur recherche, et ce petit mystère ne m'empêchait pas de vaquer à des choses plus sérieuses. L'école privée était devenue pour moi une sorte de lointaine survivance d'un autre âge, dont je ne me préoccupais pas autrement. J'avais réglé à ma manière le problème de la laïcité en tentant de maintenir et d'encourager chez les adultes la vigilance de la pensée critique et la curiosité intellectuelle. Si les enfants, me disais-je, trouvaient au sortir de l'école une sorte de confirmation de ce qu'ils apprenaient à l'école, il n'y aurait plus cette déperdition maintes fois constatée, qui conduit tout droit à l'illettrisme. Certains de mes collègues, avec des soucis voisins, tentaient de régler les contenus de l'enseignement sur la vie et les préoccupations du milieu ; je tentais d'élargir l'horizon intellectuel du village pour que l'enseignement scolaire y devînt plus opérationnel. Il fallait être jeune et ignorant des mutations à venir pour entretenir pareille utopie. Quelque quinze ans plus tard, il ne restait plus qu'un village disloqué par l'exode, quelques foyers où trônait la télévision triomphante, et une école réduite à sa petite classe avant de disparaître.

Mais, à notre manière, et avec du retard, nous entrions dans le demi-siècle. Nous aurions dû comprendre que notre ouverture sur le monde ne résultait ni de notre volonté, ni d'une quelconque grâce laïque, que nous étions entraînés dans le même tourbillon. Le mouvement qui nous poussait à respirer l'air extérieur travaillait d'une autre manière le village tranquille. Le bref succès de notre sollicitude — cinq années de rémission — ne pouvait que masquer un temps la débâcle du monde rural.

Mais, nous, qu'est-ce qui nous travaillait au juste ?

VII

Le village et le monde

Les voies du changement sont impénétrables. L'expérience collective s'entrelace en festons capricieux avec l'expérience individuelle. La marche du siècle était probablement inexorable, et c'est au moment où nous affirmions des choix que l'actualité nous jouait le bon tour de nous les imposer. Heureusement pour la liberté individuelle, le hasard déjoue les diktats du rouleau compresseur nommé histoire. Qu'on lise un livre plutôt qu'un autre, qu'on fasse une rencontre imprévisible, qu'on voyage dans telle direction et non dans une autre tout aussi possible, et la vie peut basculer. Je sais bien qu'on est sournoisement conduit vers tel livre, tel ami, ou tel pays, mais il reste la force de l'aléa. Je crois à l'aléa. L'ami-qui-lit-par-dessus-mon-épaule rechigne :

« En somme, le destin...

— Si tu y tiens.

— Je te trouve bien fataliste, pour un rationaliste. »

Suis-je un rationaliste ? Oui, en ce sens que je n'ai

pas d'autre outil que la raison pour mettre un peu d'ordre dans ma tête. Il ne m'est jamais venu à l'idée que je pouvais solliciter, à mon profit ou à celui du monde, l'appui de quelque puissance supérieure non clairement identifiée. Une telle puissance aurait eu tout loisir d'arranger le monde autrement bien avant que je fusse en mesure de la solliciter pour changer le cours des choses. Mieux vaut être riche et bien portant que pauvre et malade, mais cela ne dépend pas de nous. Mieux vaut naître dans la France développée, autant que possible parmi les privilégiés, que dans les castes les plus méprisées de l'Inde. Aléatoire.

« Mais alors, à quoi sers-tu ?

— C'est selon les jours. Quelquefois, il me semble que je peux changer ce coin de terre, où il n'y a ni vrais riches, ni vrais pauvres : il suffirait de les ouvrir à la connaissance et à la citoyenneté active. D'autres jours, il me semble que je me donne à moi-même une représentation, et que personne n'a besoin de moi. Les élèves me semblent alors stupides, et les adultes encore plus. Alors je fuis. Par la pensée évidemment : je n'ai ni les moyens ni l'audace de fuir pour de bon. »

L'année 1955 ne fut pas seulement marquée par la découverte éblouie du théâtre et de la vie parisienne. Je commençais à avoir des fourmis dans les jambes. Je voulais partir et je voulais rester.

Partir ne voulait pas dire troquer ce village contre un autre, ou même contre une ville de province qui aurait pu être le terme ultime de mon ambition professionnelle. Partir voulait dire « partir ». Les « effluves du goudron portuaire » parvenaient, perceptibles à moi seul, au fond des campagnes.

J'ai avoué avoir lu au temps de mon adolescence des récits de voyages plus ou moins fantaisistes, et des romans d'aventures dont les héros affrontaient en terre lointaine la nature sauvage et des hommes qui ne l'étaient pas moins. En bref, je n'avais pas renoncé à Jules Verne. Évidemment, je m'étais un peu calmé avec l'âge et les responsabilités. J'avais haussé de quelques crans la qualité de mes lectures pour en arriver à Segalen et à Rimbaud, mais c'était toujours une manière de rêver aux lointains. Mais comment assumer le syndrome de Jules Verne quand on est enraciné dans la France profonde ?

Le monde, peu à peu, s'ouvrait aux voyageurs sans audace, ceux qui voulaient prendre l'air du large sans couper les amarres. La croisière de luxe était banalisée depuis le XIXe siècle (Jules Verne en avait fait le thème central de *L'agence Thompson*), mais les traversées maritimes se démocratisaient pour qui acceptait de voyager dans des conditions précaires sur des lignes de réputation douteuse. Les longs-courriers à réaction n'existaient pas encore, et les lignes aériennes étaient réservées à une clientèle sélectionnée par la fortune ou la profession. Restaient les dortoirs aménagés dans la cale, à bord des lignes grecques ou turques qui sillonnaient la Méditerranée. Nous avions vécu pire dans les auberges de jeunesse.

Première destination : l'Égypte. L'Égypte au mois d'août, évidemment, saison morte pour le tourisme, puisque les riches choisissaient judicieusement le printemps ou l'automne, tandis que le tourisme de masse ne s'était pas encore développé.

Nous avions « étudié » l'Égypte antique pendant quelques leçons du cours de sixième, et nous n'avions évidemmement jamais entendu parler de la civilisation arabo-islamique. Parmi les livres amassés pour faire face à ce monde nouveau je remarquai un petit livre de Roger Vailland, consacré à la récente révolution nasserienne sous le titre : *Choses vues en Égypte*. Il s'agissait de l'Égypte contemporaine, avec juste ce qu'il fallait d'allusions au vertigineux passé de la terre des Pharaons. Le style incisif, la réflexion brève mais percutante, cette manière un peu hautaine de noter l'expérience vécue, si limitée soit-elle, firent plus que m'aider à découvrir l'Égypte. Tout en continuant de m'informer sur l'Égypte, je collectais de-ci de-là d'autres livres de Roger Vailland. C'est en lisant son *Laclos par lui-même*, que je découvris l'auteur des *Liaisons dangereuses*. Un autre XVIIIe siècle se révélait à mes yeux de lecteur de Diderot et Voltaire. L'année suivante, ou peut-être deux ans plus tard, *L'éloge du cardinal de Bernis*, du même Vailland, me conduisit à la lecture des *Mémoires* de Casanova. Élargissement non programmé de mon savoir : on se prépare pour l'Égypte et on se retrouve au cœur d'un XVIIIe siècle insoupçonné. Je pris l'habitude cependant, à chacun de mes voyages ultérieurs, de lier un auteur et un pays. Je ne conçois plus la Chine sans Claudel, le Japon sans Michaux et plus tard sans Barthes, la Perse sans Gobineau... que je découvris grâce à Vailland, malgré sa réputation détestable.

Cette même année 1955, à Bandoeng, en Indonésie, se tint une conférence mondiale qui consacrait l'entrée en scène du « tiers monde ». Un vent nouveau soufflait de Java et autres îles et arrivait jusqu'à notre village lointain. Au contact de l'Égypte le « tiers monde » cessait d'être une abstraction. Le travail archaïque du fellah, si semblable à celui de son lointain ancêtre contemporain des splendeurs de la vallée des Rois, ne pouvait que frapper tous ceux — et j'en étais alors — qui croyaient au progrès. Je revenais avec ce parallèle dans la tête pour découvrir qu'il était encore plus frappant dans les photos rassemblées par Tristan Tzara pour *L'Égypte face à face*. On allait en entendre parler au village, c'est-à-dire au centre du monde. L'Égypte n'en était que la périphérie. Comment établir un pont ?

Je ne dois pas oublier ceci : alors que nous débarquions à Marseille, le 26 août, un de nos compagnons de voyage, avec qui nous avions noué de ces liens parfois durables que favorisent les voyages, apprit par un télégramme qu'il venait d'être rappelé pour l'Algérie. Il était de la même classe d'appel que moi. Je m'informai fébrilement de mon sort, et accélérai ma rentrée. Le malheureux était officier, et moi simplement deuxième classe : je n'étais pas des réservistes rappelés. Cela me donna une occasion de méditer sur l'avenir, en fredonnant pour moi-même une célèbre chanson de Boris Vian, interdite de radio, entendue en confidence lors du précédent séjour à Paris :

« *Monsieur le Président*
Je vous fais une lettre
Que vous lirez peut-être
Si vous avez le temps

Je viens de recevoir
Mes papiers militaires
Pour partir à la guerre
Avant mercredi soir

Monsieur le Président
Je ne veux pas la faire
Je ne suis pas sur terre
Pour tuer des pauvres gens. »

Je ne sais plus si c'est fin 1955 ou début 1956 que me tomba sous la main — le hasard, toujours — *Tristes tropiques*, de Claude Lévi-Strauss, qui devait par la suite devenir un classique du XXe siècle. En lisant la première phrase (« Je hais les voyages et les explorateurs »), je faillis abandonner un ouvrage qui prenait à contre-pied mes rêves les plus intenses. Je ne m'arrêtai pas à cette première phrase, et je fis bien. Le livre n'incitait pas à la fuite : à la lumière de l'expérience amazonienne de Lévi-Strauss, je revisitais mon village, en le regardant à la fois avec la distance et la sympathie que lui-même apportait dans ses rapports avec les Nambikwwara. Rouvrant maintes fois le livre, j'essayais de comprendre cette double passion que j'avais pour le monde clos où j'étais intégré et la conviction de plus en plus forte que la civilisation était faite de diversité. Et voici le court passage que je ne cessai de relire :

« Les autres sociétés ne sont peut-être pas meilleures que la nôtre ; même si nous sommes enclins à le croire, nous n'avons à notre disposition aucune méthode pour le prouver. A les mieux connaître, nous gagnons pourtant un moyen de nous détacher de la nôtre, non point que celle-ci soit absolument ou seule mauvaise, mais parce que c'est la seule dont nous devions nous affranchir : nous le sommes par état des autres. Nous nous mettons ainsi en mesure d'aborder la deuxième étape qui consiste, sans rien retenir d'aucune société, à les utiliser toutes pour dégager ces principes de la vie sociale qu'il nous sera possible d'appliquer à la réforme de nos propres mœurs, et non de celles des sociétés étrangères : en raison d'un privilège inverse du précédent, c'est la société seule à laquelle nous appartenons que nous sommes en position de transformer sans risquer de la détruire ; car ces changements viennent aussi d'elle, que nous y introduisons. »

Sans le savoir encore, je remettais en cause un article de « la foi laïque » selon Ferdinand Buisson, un autre des Pères Fondateurs : la croyance en un progrès universel quasi linéaire, guidé par la raison, sans prendre en compte les expériences étrangères. Restait la raison, le meilleur outil critique pour se retrouver dans cet enchevêtrement. Quand un instituteur rural rencontre l'ethnologie, même dans ses rudiments, quelque chose se casse dans son assurance tranquille de dispensateur du savoir.

Toujours prompt au persiflage, l'ami-qui-lit-par-dessus-mon-épaule me fait observer :

« Au fond, tu as trouvé tes Nambikwara à ta porte

— Comment ça ?

— Tu aurais dû être ethnologue, pas instituteur. A défaut de tribu lointaine, tu en as trouvé une à domicile.

— Je ne veux pas les étudier, je veux les aider.

— On dit ça. Mais eux n'ont rien su de Lévi-Strauss. Tu l'as gardé pour toi.

— Faux. J'ai mis le livre en bibliothèque, et j'ai lu quelques passages en public. Le livre n'est pas beaucoup sorti, mais je suis content que trois ou quatre jeunes l'aient demandé.

— Pour te faire plaisir...

— Peut-être. Et cela me fait plaisir s'ils ont voulu me faire plaisir. »

Avec le recul, je pense que cette idée du « regard éloigné » était dans l'air du temps. Je me souviens du succès qu'avait eu en lecture publique un extrait d'un livre dont son auteur n'aime peut-être pas se souvenir : *Clefs pour la Chine*, de Claude Roy. Cela commençait significativement ainsi : « *Ces gens-là font tout à l'envers...* » Au fond, qu'est-ce que l'endroit ? Les Persans de Montesquieu, les Tahitiens de Diderot, les Hurons de Voltaire avaient bien préparé le terrain. J'étais en bonne compagnie.

1956. Je mis en œuvre, à un train d'enfer, les nouvelles idées que m'avaient suggérées mes lectures, mes voyages, et les événements internationaux, Roger Vailland, Claude Lévi-Strauss, Tristan Tzara, l'Égypte, Bandoeng, le rappel des réservistes pour l'Algérie. Je me lançai, avec l'enthousiasme qu'on a encore parfois à vingt-six ans, dans « l'éducation populaire ». Parallèlement, je continuai lectures, voyages, rencontres, militantisme syndical et lecture de la presse. Comme beaucoup de mes contemporains, j'avais alors la conviction que les choses changeaient seulement par l'action politique. Il m'aurait fallu beaucoup de foi pour continuer à y croire. Du moins pour croire qu'il y avait quelque bénéfice à attendre d'un tel changement s'il ne s'accompagnait pas d'un autre dont la nature me paraissait encore floue.

Les élections du 2 janvier avaient laissé espérer une issue à l'affaire algérienne, malgré l'entrée en force des poujadistes à l'Assemblée. On attendait Mendès France, ce fut Guy Mollet. Investi le 5 février, il capitule le 6 au cours d'un voyage à Alger, où il est accueilli par des tomates et des œufs pourris. Sans connaître grand-chose à la complexité du problème, je suis dès lors sûr d'une chose : cette « guerre imbécile et sans issue » (expression de Mollet lui-même, avant sa capitulation) va durer longtemps. Je ne me serais pas risqué à prédire qu'elle allait durer encore six ans.

Dès lors, la politique, selon la conception qu'en avaient les professionnels, m'apparut comme une impasse. Y avait-il une alternative politique ? Pour certains, bien sûr. Le parti communiste aurait pu profiter de la situation, s'il avait eu une politique algérienne, et surtout si un curieux concours de circonstances n'était venu montrer que tous les pouvoirs pensaient « répression », quand de justes revendications se mettaient en travers de leur route : le raid franco-britannique sur Port-Saïd eut lieu le 5 novembre, le lendemain donc de la répression soviétique à Budapest.

J'avais caressé un temps le désir de faire de la politique active. Ces événements vinrent à point nommé pour me détourner d'un tel engrenage. Je me contenterai d'être électeur. Il y avait bien sûr autre chose à faire, mais quoi ? En attendant, je tremblais d'être « rappelé sous les drapeaux ».

Mes professeurs, à l'école normale, avaient entretenu autour de la politique une certaine méfiance. Un instituteur, disaient-ils en substance, ne « fait pas de politique ». Entendez par là qu'il ne milite pas (ouvertement, restriction amusante) dans un parti politique, et qu'il ne participe pas aux batailles électorales. S'il est élu, tout est pour le mieux, puisqu'il cesse d'être instituteur pour devenir un élu de la nation. Mais comment être élu sans participer aux joutes sous les préaux d'école, en ce temps-là fort suivies ?

Je ne me serais pas arrêté à ces considérations si la politique ne m'avait déçu par le décalage entre les principes et les actes, desquels on se justifie ensuite en disant qu'« il n'y avait pas d'autre voie ». On cite Jaurès, et on bombarde Suez.

« *Qu'est-ce que l'optimisme ? disait Cacambo*

— Hélas ! dit Candide, c'est la rage de soutenir que tout est bien quand on est mal. »

Comme je ne me sens pas d'aptitude à cultiver mon jardin, je me retourne vers cet autre jardin que je commence à entrevoir. Et comme, par je ne sais quelle sorte de malédiction — la vocation, est-ce cela ? — je ne peux apprendre sans enseigner, c'est avec conviction que je me lançai dans ce qui n'était que de l'éducation populaire avant d'être bien plus tard promu animation socio-culturelle, et appelé plus familièrement par la bourgeoisie maoïste reconvertie dans la critique sociale « le socio-cul ». C'est qu'entre-temps la culture aura connu une évolution fulgurante dans ses définitions, tout en restant inchangée dans sa vie profonde. Pour moi, elle était, en cette année 1956, si lointaine, une manière de militer pour la connaissance au service de l'ouverture d'esprit et pour une meilleure compréhension entre les hommes par-delà les frontières et les religions. Rien que ça.

Heureusement, il n'y avait pas que la politique et ses déconvenues. Loin du tumulte, la vie continuait. Nous étions au vrai début d'une vraie guerre. Que pensaient réellement les habitants du village, ceux du moins qui semblaient comprendre le sens de mon entreprise ? Je ne l'ai jamais su, à quelques exceptions près, ceux que l'opinion publique désignait comme des « rouges », mais ces rouges-là n'étaient pas du rouge dont on fait les révolutions. Les conversations d'opinion, en ma présence du moins, se cantonnaient prudemment à quelques généralités sur la dureté des temps. On se risquait à quelques allusions à l'opinion des autres, jamais à la sienne propre. La mienne ne faisait de doute pour personne, bien que ma discrétion fût à la mesure de ce que je n'étais pas loin de considérer comme un devoir de réserve. Sans doute, mes convictions transparaissaient à mon insu, ou des observateurs perspicaces avaient signalé ma présence à quelque manifestation anti-guerre au chef-lieu de département. D'une façon générale, il était admis que l'instituteur était pacifiste, tout comme il était admis qu'il était anticlérical. Cela allait de soi. La vérité était infiniment plus nuancée. J'ai déjà signalé l'embarras des instituteurs catholiques, je peux ajouter que les instituteurs, beaucoup plus nombreux, que leurs convictions rapprochaient du parti de Guy Mollet, avaient quelque peine, soit à suivre leurs dirigeants, soit à avouer qu'ils étaient d'accord avec leur politique coloniale.

J'évitais de faire part de mes convictions profondes, qu'avait confortées la fréquentation forcée des militaires de carrière, chargés de l'instruction des recrues entre deux séjours indochinois. J'avais dû subir en silence leurs propos méprisants sur les « viets », et leurs plaisanteries à l'évocation de leurs exactions. Maintenu plusieurs jours sur pied de guerre, mais à ne rien faire, et sans armes, au plus fort d'une des crises qui précédèrent l'indépendance tunisienne, je savais à quel point nos gradés, fraîchement revenus d'Indochine, détestaient les « bougnoules ». J'avais encore le souvenir de mes émotions au retour d'Égypte, en apprenant le rappel des réservistes. La guerre, pensais-je, durerait longtemps, et cette fois, le contingent serait immolé. Les jeunes gens qui étaient venus me voir pour faire du théâtre allaient partir de l'autre côté de la Méditerranée. Je tâtai le terrain. Cela ne semblait pas les effrayer outre mesure. Ils allaient voyager, ce n'était pas vraiment une guerre. Tenaient-ils à l'Algérie ? Pas tellement. Que pensaient-ils de ses habitants ? Ce que les manuels scolaires leur en avaient dit. Que la France avait apporté la civilisation. Qu'ils n'avaient pas su en profiter. Que la rébellion était l'affaire d'une poignée d'irréductibles. Etc., etc.

Il ne me restait qu'à prendre le problème de plus haut. M'introduire au cœur des préjugés, et commencer par les miens. Combattre la propagande en évitant les armes — si tentantes — de la propagande. Bref, faire l'impossible.

Voltaire, consulté, donnait à son habitude de mauvais conseils, par la bouche d'un vieillard à qui Pangloss, toujours curieux de n'importe quoi, demandait le nom d'un muphti qu'on venait d'étrangler, quelque part dans une Turquie de fantaisie.

« Je n'en sais rien, répondit le bonhomme, et je n'ai jamais su le nom d'aucun muphti ni d'aucun vizir. J'ignore absolument l'aventure dont vous me parlez ; je présume qu'en général ceux qui se mêlent des affaires publiques périssent quelquefois misérablement, et qu'ils le méritent ; mais je ne m'informe jamais de ce qu'on fait à Constantinople ; je me contente d'y envoyer vendre les fruits du jardin que je cultive. »

Qu'allaient devenir les fruits de mon jardin, mes élèves, qui allaient partir à Constantinople, ou plutôt à Alger, ancienne possession ottomane ?

Mieux valait aller voir du côté des écrivains « engagés », comme ils l'étaient tous en ce temps où l'on s'engageait en littérature comme dans l'armée. Du moins n'y avait-il pas de conscription forcée.

J'ai déjà dit que j'avais assisté à Paris à une représentation de *Mère Courage* de Bertolt Brecht. Un mot avait retenu mon attention : « distanciation ». Incapable de me reporter au texte original, je m'étais promis de tenter d'en pénétrer le sens. Et puis le temps passa, et ce ne fut que bien plus tard, à la lumière des textes de Bernard Dort, Roland Barthes, et surtout des *Écrits* de Brecht lui-même, que je commençai à comprendre ce dont il s'agissait. Toujours ce temps de retard. En attendant, je n'avais retenu que la racine présumée « distance », sur laquelle je me construisais une vague théorie. J'aimais bien, il est vrai, prendre la distance. J'anticipais sans le savoir — j'avais bien retenu la leçon — sur « le regard éloigné » selon Lévi-Strauss.

Et revoilà l'ami-qui-lit-par-dessus-mon-épaule

« Au fond, tu n'as fait que cela, être à distance. Trop jeune pour t'engager dans la Résistance, comme certains de tes amis, tes aînés de deux ans, trop vieux pour être envoyé en Algérie, et avoir à choisir entre le danger et l'insoumission, comme tes cadets de deux ans, tu as été spectateur à distance des deux grands événements historiques de ta vie.

— Je ne suis pas responsable de ma date de naissance...

— Mais quelle aubaine ! A bonne distance de Paris et des centres urbains, tu n'as participé que par une réflexion sans risques aux bouleversements des années 50...

— ... dans un village lointain où ces bouleversements apparaissaient comme des péripéties, jusqu'à ce qu'il apparût que l'Algérie, c'était la guerre.

— Je reconnais l'isolement. Toutefois, je me demande si la laïcité, qui eut pour défenseurs, et en des temps plus difficiles, des gens comme toi... comment les appelait-on déjà autrefois ?

— Les Hussards noirs de la République.

— Un beau nom. Je me demande donc si ces hussards, chacun retranché dans son village, n'ont pas accentué ce repli, et désengagé la laïcité de toute action de proximité.

— Certains l'ont payé cher.

— Mais pas toi, au fond. Tu as vécu dans une communauté rurale qui portait plus d'attention à ses conflits internes qu'aux bouleversements du monde, et encore en position privilégiée — j'entends socialement — puisque tu partageais avec le curé les deux meilleurs postes d'observation... en retrait.

— Vrai. Mais nous n'avions pas la même conception de la place de ce village dans la société contemporaine. Il veillait de quelque manière à l'ordre dans la communauté selon son éthique.

— Et tu voulais instaurer le désordre ? »

Celui-là commençait à m'agacer sérieusement. J'envisageais de le mettre en congé de récit, pour être tranquille.

Les œuvres de Brecht commencèrent à ma connaissance à être traduites en français en 1955. C'est dans cette édition de L'Arche que je commençai à lire quelques-unes de ses pièces : *Grand'peur et misères du IIIe Reich* et *Les fusils de la Mère Carrar*. Cette dernière pièce parlait de la Guerre d'Espagne, le seul souvenir politico-historique de mon enfance d'avant 1939.

Dans le volume suivant, je découvris une autre pièce dont je n'avais pas entendu parler : *Galileo Galilei*. J'ai déjà dit ma fascination pour le personnage de Galilée. La lecture du portrait qu'en donnait Brecht m'enthousiasma. La pièce était trop complexe pour être proposée à des amateurs. Je pouvais au moins en lire quelques passages. En particulier, celui-ci :

Galilée vient de remettre aux autorités de Venise sa fameuse lunette, qu'il n'a d'ailleurs pas inventée, puisqu'elle est déjà d'usage courant en Hollande. Petite ruse au service d'un grand dessein. Tandis que les conseillers s'amusent de ce nouveau jouet, observant des gens qui déjeunent sur un bateau au loin, Galilée confie à Sagredo : « *Si la Lune est une Terre, — et elle ressemble à une Terre, on le constate clairement à travers cet instrument — qu'est-ce donc que la Terre, je te le demande ?* »

Qu'est-ce que la Terre vue de la Lune ? Observer du loin pour s'interroger sur ce qu'on est : c'est ce que disait Lévi-Strauss, autrement. Qu'est-ce que la France, vue d'Algérie ?

L'autre découverte de cette année-là fut celle de Roland Barthes.

Alors, l'ami-etc. (comment m'en débarrasser ?).

« Depuis le début, tu cites beaucoup de gens, mais

je ne vois pas le lien : Jules Verne, Prévert, Tchekhov, Lévi-Strauss, Roger Vailland, Brecht. Sans compter Voltaire, au-dessus de la mêlée... Et maintenant Barthes. Barthes chez les ruraux, qui l'eût cru ?

— Tous ont compté à leur manière. Mais c'est Lévi-Strauss et Barthes qui furent pour moi les "maîtres du soupçon". Arrivé en retard, je ne devais pas grand-chose aux détenteurs du titre : Marx, Freud, Nietzsche. Je les ai lus plus tard.

— Tu ne vas pas me dire que tu leur as lu du Roland Barthes ?

— Si. Et la "DS 19" a eu son petit succès. »

Comme beaucoup de mes contemporains, je pense, tout au plus avec le retard rural de rigueur, je découvris Roland Barthes avec *Mythologies*, le recueil qui fonda sa renommée. Après *Tristes tropiques*, ce fut la seconde secousse intellectuelle dans mon itinéraire d'instituteur de campagne.

Autant les courts essais déjà publiés entre 1954 et 1956 (dont la « DS 19 ») m'enchantèrent par la diversité des sujets abordés, l'élégance du style, le regard neuf porté sur la société contemporaine, les perspectives ouvertes pour l'approche des questions contemporaines, autant les cinquante-trois dernières pages me laissèrent désemparé et perplexe. Je ne connaissais presque rien de la linguistique et j'ignorais jusqu'au mot « sémiologie ». Un abîme s'ouvrait sous mes pas.

En attendant, cette aisance à passer de l'abbé Pierre à Racine, du Guide Bleu à Poujade, de mettre en parallèle le *Nautilus* de Jules Verne et *Le bateau ivre* de Rimbaud, de parler avec la même perspicacité du steack-frites et des détergents, d'Adamov et de la publicité, était comme une promesse d'en finir avec les modèles académiques et les hiérarchies convenues.

« ... *c'est cela*, concluait Barthes, *que nous devons*

chercher : une réconciliation du réel et des hommes, de la description et de l'explication, de l'objet et du savoir. »

Au fond, n'était-ce pas là mon travail ?

VIII

Conférences et cinéma

Je ne faisais pas que lire, ou voyager. J'avais même de moins en moins de temps disponible, tant l'engrenage dans lequel j'avais engagé le bras se révélait au fil des mois, puis des années, comme une machine infernale, en tout cas impossible à arrêter. Un détail trivial : ce furent des années de déménagement incessant. La commune avait bien voulu confier au menuisier du village la conception et l'exécution d'une estrade amovible, adaptable à toutes les circonstances, et capable de supporter n'importe quelle danse en sabots, les danseurs dussent-ils peser (ensemble) deux tonnes. Pour être solide, elle était solide. Et lourde en conséquence. Dans les grandes occasions, il fallait la transporter et la monter, soit dans la grange, soit dans l'une des cours d'école. La main-d'œuvre ne manquait pas, et ne se faisait pas prier. Il fallait aussi transporter les bancs, conçus pour être pliants, question de rangement, et en toutes circonstances, puisque le mobilier des écoles n'était ni suffisant, ni adapté. Des crochets étaient censés maintenir les pieds à charnières, mais les spectateurs, et particulièrement les plus jeunes, ne manquaient pas, en bougeant les jambes, de sortir le crochet de sa fixation. Inutile de dire que cela faisait beaucoup de bruit, et toujours dans les moments de tension du spectacle. Il fallait s'estimer heureux quand le banc ne s'écroulait pas, entraînant toute une rangée dans sa chute, sous les rires de l'assistance. Je ne peux me souvenir des séances d'alors sans entendre au fond de ma mémoire le bruit des crochets qui s'arrachent.

Il y avait bien d'autres déménagements, pour les répétitions qui nécessitaient un espace libre au centre de la classe, et donc un déplacement du mobilier, pour les « veillées » qui avaient lieu dans la cantine, les grandes tables poussées vers le fond devenant estrade, plus légère mais plus fragile que l'estrade des solennités. Que je n'oublie pas le matériel électrique, particulièrement rustique, mais un vrai cauchemar quand il s'agit de dérouler quelques dizaines de mètres de câble et de brancher des prises triples sur des prises triples, sans respecter les limites du compteur qui se chargeait de nous les rappeler. Comment se fait-il que nous n'ayons pas plusieurs fois allumé un incendie ? J'en frémis rétrospectivement. Il faut dire que les services d'incendie étaient rudimentaires, et de toute façon sous la responsabilité d'un bureaucrate lointain, qui n'avait jamais mis les pieds dans la commune.

Le sommet, c'était la sonorisation, assurée par un amplificateur qui ne cachait rien des mystères de son réseau de lampes. C'était celui de l'appareil de cinéma, lui-même une antiquité. Toujours accompagné d'un fer à souder énorme, mais nécessaire, il supportait un tourne-disques qui avait des problèmes avec l'horizontale, et un micro emprunté, en même temps que le fil supplémentaire, et les projecteurs pour l'éclairage de scène.

Les activités étaient variées, et d'ailleurs irrégulières. Je passe sur la routine des répétitions, deux à trois fois par semaine de novembre à avril, non sans rappeler que c'était là que le groupe de base, le premier cercle du dispositif, se fortifiait comme groupe. Ils étaient jeunes et insouciants, mais attentifs et disciplinés : le travail, c'était le travail. Mais les pauses, c'étaient les pauses. Ils aimaient rire, ils savaient rire, et ils connaissaient toutes les histoires du village. Du coup, moi aussi. Enfin, presque toutes.

Je passe aussi sur les conférences, dont la périodicité dépendait des opportunités. Tantôt un agronome venait parler de l'ensilage, ou de quelque technique agricole ; tantôt un Malgache, ou un Polonais, de passage dans la région venait parler de son pays. Nous avons reçu un explorateur polaire, une musicologue accompagnée d'un instrumentiste pour la démonstration, un pionnier de l'aviation, et quelques personnages, en général chaleureux et sympathiques, mais débarquant pour l'auditoire de la planète Mars.

Une fois par mois d'abord, tous les quinze jours ensuite, il y avait une séance de cinéma. Quand le premier engouement fut passé, et la curiosité satisfaite, le public se stabilisa autour de soixante personnes, pour la plupart des fidèles, ceux qui, en toutes circonstances, étaient prêts à participer, qu'il s'agisse d'être présents, ou de charroyer des bancs. C'était le deuxième cercle. J'avais fait l'acquisition d'un appareil d'occasion, déjà en service dans l'avant-guerre, dont l'amplificateur servait en de multiples circonstances, et qui faisait lors des projections un bruit effroyable. Pour l'atténuer, le menuisier avait construit dans la cantine une cabine en une sorte de matière isolante, qui avait en outre l'avantage de masquer la machinerie. L'acoustique de la salle étant plutôt défectueuse, et la qualité sonore de l'appareil franchement médiocre, une partie des dialogues échappait aux spectateurs, qui s'accommodaient avec bonne humeur de cette carence. J'étais, moi, franchement malheureux à chaque séance, que l'innovation envisagée se révélât inefficace. La séance de « discussion » — statut de ciné-club oblige — consistait à expliquer le film, autrement dit à informer les spectateurs sur les dialogues qu'ils auraient dû entendre. Ils avaient la bonté de me remercier.

Chemin faisant, je m'étais découvert une passion pour le cinéma. Elle a survécu. La découverte simultanée du livre d'Edgar Morin, *Le cinéma et l'homme imaginaire*, fut pour beaucoup dans la prise en compte d'un art somme toute découvert tardivement, à la différence des cinéphiles de ma génération qui n'en finissent pas d'évoquer leurs souvenirs d'enfance. Le livre de Morin eut cet effet curieux de me greffer une mémoire artificielle en me permettant d'accéder à la mythologie qui régit au fond l'amour du cinéma. A part quelques films réputés comiques, qui obtenaient un franc succès auprès du public de mon village natal, malgré l'inconfort de la salle, non chauffée quelle que soit la température extérieure, je ne connaissais guère, de fréquentation directe, que de rares films des années 30 et 40, ceux que les salles de cinéma de ma petite ville de province programmaient alors que j'étais à l'école normale : quatre ou cinq films américains effroyablement doublés, une douzaine de films français de Carné-Prévert, Grémillon, Autant-Lara, Renoir, Feyder, etc. Ajoutons, pour faire bon poids, une autre douzaine de films dont j'ai oublié jusqu'au titre, mais pas l'effroyable impression de médiocrité qu'ils me laissèrent. Le cinéma, pour moi, était au meilleur de sa forme une sorte de prolongement de la littérature, et de Prévert en particulier.

J'eus une sorte de coup de foudre en projetant pour mon public de villageois, non sans appréhension (les premiers temps, je passais les films sans les connaître), *La poursuite infernale*, de John Ford. Après avoir récidivé avec *La chevauchée fantastique*, du même, je dus m'avouer cette chose étonnante : j'adorais le western. J'en vis pour mon compte, de-ci, de-là, lors des stages organisés par la cinémathèque régionale de la Ligue de l'Enseignement, et, bien entendu, à l'occasion de déplacements à Paris, seul lieu en France où l'on pût assouvir une passion pour le cinéma. Je n'allais pas très souvent à Paris, une ou deux fois par an, mais mes journées étaient bien remplies, et je voyais autour de cinq films par jour. Je découvris Howard Hawks, Anthony Mann, Delmer Daves, Raoul Walsh, Fred Zinnemann (ah ! que le train siffle encore trois fois), et tous ceux que je pus, je les importai au village. Les spectateurs ne détestaient pas, même s'ils étaient un peu étonnés de mon enthousiasme, et même s'ils préféraient de loin les comédies à la française. Ils m'agaçaient un peu en riant aux moments qui auraient demandé, à mon sens, plus de gravité. Il faut dire que le doublage était alors uniformément médiocre, et que Gary Cooper, à son plus haut niveau de pathétique, avait une façon irrésistible de dire : « Bonjour l'ami » qui coupait court à toute émotion. Bien entendu, je ne programmais pas que des westerns, d'abord parce que j'aurais fini par vider la salle (l'audimat), ensuite parce que la programmation dépendait largement du catalogue des films disponibles. Or, la réglementation des ciné-clubs exigeait un délai de quatre ans entre leur sortie nationale et leur passage en programmation « non commerciale ». Je devais donc, là comme ailleurs, et encore plus qu'ailleurs, m'accommoder des circonstances.

Je n'ai jamais très bien éclairci les raisons de mon engouement. Qu'avais-je à faire de ces justiciers solitaires, de ces bagarres de saloons réglées selon un rituel immuable, de ces duels dans la « Main Street » d'un décor hollywoodien, de cette morale de bazar, auprès de laquelle celle qui dormait dans nos manuels semblait de la haute métaphysique, de cet affrontement du bien et du mal ne laissant au mal que le choix entre le châtiment et la rédemption ? Rien de tout cela qui ne soit en contradiction avec le monde de justice sociale, de fraternité et de non-violence que je m'essayais à vanter dans mon petit territoire. Aujourd'hui, trente-cinq ans après, je préfère prendre ceci pour un éclair de lucidité anticipatrice : c'est le monde du western qui l'a emporté. Plus simplement, je pense être resté sous l'influence de mes lectures d'enfance, hantées par les héros de l'Ouest : Fenimore Cooper, Gustave Aymard, Gabriel Ferry, Karl May, le capitaine Mayne-Reid, Albert Bonneau, auteur oublié des aventures de « l'homme aux yeux clairs », Catamount, Texas Ranger.

J'étais par contre très réticent par rapport aux films suscitant alors la passion parmi la secte des cinéphiles parisiens qui venait en ses temples — la Cinémathèque, le MacMahon — adorer le « film noir ». Les monstres sacrés d'Hollywood heurtaient ma conception « dualiste » du monde : ils n'étaient ni de la vie, ni de la légende. Je n'avais pas eu le temps de m'en faire une légende, et les conventions qui régissaient leurs rapports me semblaient une caricature de la vie. Je ne parle pas des décors : qui a jamais pu croire à ceux de *Casablanca* ? Je fis néanmoins l'effort d'en projeter quelques-uns, dont *La femme au portrait*, de Fritz Lang soi-même, et *L'inconnu du*

Nord-Express, du grand Hitchcock, mais le public me fit comprendre gentiment qu'il préférait autre chose. Je réalisais alors que dans les conditions qui étaient les miennes — je bénéficiais d'une certaine confiance, et par là d'une autorité dans mon domaine reconnu — il fallait aimer pour faire aimer. J'étais l'intercesseur. Au-delà d'un univers familier, plus par imprégnation que par fréquentation, celui des films comiques français, des mélodrames, des films de légionnaires, les spectateurs fidèles, tous âges confondus, n'entraient dans l'inédit que s'ils se sentaient encouragés. Ils sentaient mes réticences, ou simplement mes inquiétudes. De temps en temps, un film hors-normes emportait leur adhésion au point de leur faire abandonner leur placidité coutumière : ce fut le cas avec *Farrebique*, de Georges Rouquier. « C'est nous », dirent-ils simplement.

Devenant de plus en plus érudit, je me faisais un devoir, à l'issue de chaque séance, d'« animer » une discussion, fidèle en cela à la réglementation du cinéma non commercial. Le public était peu bavard, mais, en petits groupes, la conversation devenait générale. Je crois que je répondais un peu longuement à certaines questions, transformant même les réponses en petits cours. Connaissant ma tendance envahissante, je prenais soin de laisser un second entracte entre la fin du film et la discussion. Je dis « second », parce qu'il y en avait eu un premier, voué selon la coutume à la buvette. Tout le monde se faisait un devoir de « boire quelque chose » pour alimenter les caisses de l'Amicale, car le but de tout ceci — personne n'aurait avoué le contraire — était de préparer le voyage des jeunes. A la fin du film, donc, on buvait encore un petit coup, « le coup de l'étrier », celui d'avant le départ. Quiconque voulait partir avait toute latitude de s'esquiver discrètement. C'est ce que faisaient — mais ce n'était pas un choix — les mères des enfants d'âge scolaire (« Il y a de l'école demain »). Mais les autres restaient. Il y avait chez la plupart, confusément, une soif de savoir. Quand le thème des films était « social » comme *Le sel de la terre*, classique fameux des ciné-clubs de village, ou en rapport avec une situation lointaine *(Le voleur de bicyclette, La terre tremble)* les questions quittaient le domaine cinématographique. Quand des films franchement venus d'ailleurs, certains obtenus hors des circuits non commerciaux au mépris de toute réglementation, firent leur apparition vers la fin des années 50 (*Rashomon*, film japonais, *Racines*, film mexicain ; *Deux hectares de terre*, film indien, *L'arc-en-ciel*, film soviétique), une vraie curiosité sur l'état du monde succéda au nombrilisme français des débuts. Signe des temps ? J'eus la faiblesse d'y voir un premier résultat de l'ouverture tentée en direction de « l'ailleurs ». Je n'ai jamais su si j'étais pour quelque chose dans cette évolution. « L'avantage du cantonnier, disait mon directeur d'école normale, c'est qu'il peut mesurer le soir le travail de la journée. » Je n'ai jamais su, quant à moi, la hauteur de mes tas de cailloux.

On me soupçonnait parfois, d'ailleurs gentiment, de ne pas être innocent dans mes choix, comme le démontre l'anecdote suivante.

Je caressais l'idée, depuis que je fréquentais le festival d'Avignon, d'organiser des séances de plein air. De théâtre, il n'y fallait pas songer : on a déjà compris, à quelques indications, que le village n'était pas en Provence. Il fallait donc compter avec la pluie, l'imprévisible par excellence. Le déploiement de matériel supposait une longue préparation, et le soir venu, toute improvisation de repli était impossible. Pour la fête scolaire, à la fin de l'année — car il y avait toujours une fête scolaire, même en l'absence de salle paroissiale — le risque pouvait être pris : les parents seraient venus, même sous la pluie. Pour la « fête des jeunes », le public se serait réduit aux inconditionnels, ce qui aurait pris des allures de catastrophe. Restait le cinéma.

Longtemps à l'avance — il me fallait emprunter un projecteur plus puissant, des haut-parleurs plus efficaces, un écran plus grand — je fixai la date, un samedi soir de juin 1958. Je choisis longuement le film. Que trouver de mieux qu'un western pour du cinéma de plein air ? Et que trouver de mieux qu'un western de John Ford ? Après bien des hésitations — j'aurais voulu les prendre tous — je m'arrêtai sur *Le massacre de Fort-Apache*. Henry Fonda incarne dans ce film un colonel orgueilleux et sûr de lui, responsable par sa suffisance d'une sombre défaite. En fait, c'est le fameux général Custer, responsable du désastre de Little Big Horn, qui était visé. En janvier, je retins le film.

Tout se passa bien, avec une affluence record. La nuit de juin était douce et étoilée, et j'avais même pensé à éviter la pleine lune qui eût atténué la brillance de l'écran. Les voisins vinrent avec leurs chaises et les plus âgés pensèrent à se munir d'une couverture légère.

Le lundi matin, j'attendais avec curiosité les commentaires de la cantinière, mon meilleur agent de renseignement des lendemains de fête.

« Tout le monde a compris, me dit-elle. Bien envoyé. Très ressemblant. »

Je tombais des nues. Qui ressemble à qui ?

« Ce colonel qui fait tuer les gens pour sa gloriole. On en a parlé hier. Évidemment, ça ne plaît pas à tout le monde. »

Je commençais à subodorer un malentendu, un de ces malentendus dont on ne se dépêtre pas, parce qu'alors tout ce qu'on dit conforte l'opinion de l'interlocuteur.

Et c'était bien ça. Entre le moment où j'avais choisi le film et celui où je l'avais projeté, un événement historique imprévisible avait bouleversé la France : le coup d'État militaire du 13 mai. Le général de Gaulle était depuis quinze jours au pouvoir, et ceux qui ne l'aimaient pas l'avaient reconnu en ce militaire orgueilleux. Plus curieux, ses partisans — d'ailleurs plus nombreux pour des raisons diverses — l'avaient reconnu aussi. Tout le monde savait, bien que je me fusse gardé de tout commentaire public au village, que je n'étais pas précisément un partisan du général. D'où ce soupçon de machiavélisme, d'autant plus qu'il était question d'un référendum pour l'automne.

J'essayai de protester, de démontrer, preuves à l'appui, que le choix du film était antérieur à tout ce branle-bas. Peine perdue. Seul un tribunal aurait pu reconnaître ma bonne foi, mais la rumeur publique est insensible aux arguments de papier. La cantinière sourit d'un air entendu. Un de mes adversaires acharnés essaya de propager l'idée que, désormais, « j'allais en baver », que c'en était fini de ce déménagement incessant d'estrades, que j'allais être sommé de retourner dans ma classe. Personne ou presque ne l'écouta, mais personne non plus ne crut à mes protestations. Qu'on me dise encore qu'il est facile de ne pas faire de politique. A moins de ne rien faire. Certes, il s'agissait d'une activité « extra-scolaire », donc non soumise à la déontologie professionnelle. Mais la projection avait eu lieu dans la cour de l'école...

Pour relancer l'intérêt pour le cinéma, j'essayais aussi de faire venir en ce lointain village des conférenciers d'un nouveau genre. Je suggérai des noms, à tout hasard. Je compris vite : personne ne les intéressait autant que des acteurs en chair et en os. Éternel pouvoir des stars. Edgar Morin avait raison, lui qui avait écrit *Les stars*. Impossible de penser à la première grandeur, bien qu'elles fussent en ce temps plus accessibles que de nos jours. Grâce à la cinémathèque régionale de la Ligue de l'Enseignement, qui avait un réseau de professionnels pour alimenter son propre ciné-club, je pus faire venir deux acteurs populaires de cette époque, Raymond Bussières et Annette Poivre. Évidemment, nous restions loin d'Hollywood, mais c'était quand même comme un rêve venu d'ailleurs.

Il fallait un film pour agrémenter la séance. Sans enthousiasme, je programmai *Le costaud des Batignoles*. La séance fut mémorable. La salle était bourrée, à l'exception d'un espace autour du poêle, débarrassé de sa grille de protection. Mais où donc étaient les pompiers ? Flanqués du maire, les deux acteurs racontèrent jusqu'à une heure avancée de la nuit des anecdotes de tournage, des ragots de la profession, expliquant leur métier dans sa trivialité. Le public était fasciné, Bussières et Poivre devinrent les acteurs les plus populaires de ce village des antipodes. Enfin, presque... Parce qu'ils avaient, il faut le dire, leur franc parler, dans la meilleure tradition d'un anticléricalisme bon enfant, avec un joyeux côté libertaire. Tout le monde riait, mais certains riaient jaune. Bien entendu, je devins le responsable de tous leurs propos, ces deux personnages ayant, selon la rumeur publique, fait tout exprès le déplacement pour me servir de porte-parole.

En bref, le cinéma, dans l'esprit de beaucoup, était devenu une tribune, et on cherchait des intentions cachées dans le plus banal des films. Consolation : les jeunes l'avaient pris au sérieux, s'informant désormais sur des critères autrefois inconnus, comme le nom du réalisateur. Ils ne risquaient pas de passer à côté de John Ford ou de Jacques Prévert.

IX

Le retour des veillées

Trois ou quatre fois par an avaient lieu les « veillées », à mi-chemin entre la routine des séances de cinéma et les fastes de la « fête » dans la grange. Le terme « veillée » était depuis quelques années banalisé dans le cadre de l'éducation populaire. Dans les mouvements de jeunesse, c'était la version sous abri du feu de camp des scouts, avec chants, danses, jeux plus ou moins puérils. Dans les colonies de vacances, c'était un petit spectacle mi-préparé, mi-improvisé qui réunissait les enfants une ou deux fois par semaine. Dans les campagnes, qui héritaient forcément de ces pratiques en raison de l'itinéraire des jeunes instituteurs, c'était un hommage appuyé à l'antique veillée rurale, dont j'avais vécu les derniers moments. Les missionnaires appelaient eux aussi « veillées » les séances du soir, à base de sermons et prières qu'ils organisaient le temps d'une « mission ».

Côté laïque, le genre avait proliféré, très souvent à base de lectures de morceaux choisis de romans ou de poèmes, ou d'auditions de disques, suite au développement du microsillon. J'avais pour ma part élaboré une version multimédia — terme d'anticipation — de la veillée centrée sur un thème. Bien entendu, je n'étais pas le seul, mais, comme tout le monde, je travaillais de façon isolée, sans trop savoir ce qui se faisait ailleurs. Je tentais d'organiser quelque chose qui ait son propre rythme et sa cohérence. Cinéma (court métrage ou extrait de film), projection de diapositives, lectures de textes ou de poèmes, scènes de théâtre, chant, musique, tout y passait. J'avais même recours au théâtre d'ombres, plus rarement aux marionnettes, aux enregistrements d'artistes, et même à la lecture du journal. Ceci se passait dans la cantine, et la cabine de l'appareil de projection était la régie centrale, entrelacement de fils électriques et de sonorisation dont j'ai déjà signalé tous les risques.

Une séance chaque année était une préparation culturelle au voyage qui couronnait l'ensemble après la fin de l'année scolaire, et qui était la justification ultime de toute cette agitation, puisqu'il fallait bien « ramasser de l'argent ». Une simple énumération, puisque j'y reviendrai : Paris, la Provence (autour du festival d'Avignon), la Belgique (exposition universelle de Bruxelles), Madrid, Venise...

Les autres séances étaient « à thème », c'est-à-dire sur un sujet d'actualité (exemple : les expéditions polaires), un pays peu connu, ou simplement sur lequel j'avais réuni, par des voies inattendues, une documentation que j'estimais intéressante (la Chine, la Pologne, l'Égypte, l'Ouest américain). Bien entendu, je glissais de temps en temps un sujet qui me tenait à cœur : la guerre, l'extermination des juifs, et même... la science-fiction, récente découverte agrémentée de vieilles lectures.

Pour les films et diapositives, il suffisait d'une bonne préparation technique, pour pouvoir démarrer pile. Je ne cache pas que tout ne se passait pas toujours selon mes vœux, que le matériel d'alors n'était pas très fiable, que les diapositives se coinçaient, que le son disparaissait soudain, que mes aides ou moi nous trompions parfois de prise, bref, qu'il y avait des « blancs », qui d'ailleurs se passaient dans le noir, puisque invariablement les fusibles sautaient. Quelqu'un, muni d'une bonne provision, était d'ailleurs de permanence auprès du compteur, avec mission de ne quitter son poste sous aucun prétexte. Le public attendait, impassible. Ni protestation, ni murmure, tout au plus quelque réflexion de bonne humeur, qui suscitait le rire général, tandis que, muni d'une lampe de poche, je cherchais à tâtons dans la cabine où personne, absolument personne, sauf dans les cas désespérés, n'avait le droit de pénétrer.

Poèmes et surtout théâtre demandaient une préparation préalable, apprentissage de textes, mise en scène minimale, d'autant plus indispensable que les acteurs étaient pratiquement au niveau des spectateurs, sans autre décor que l'écran ou un éventuel rideau noir. J'aimais cette occasion unique de faire réciter en public — et devant ce public — quelques grands textes qui laissaient simplement le souvenir d'un instant de beauté. Ces poètes-là venaient de loin, traduits de langues étrangères, noms inconnus, qui laissaient deviner, en des peuples lointains, des sentiments simples et forts. J'en cite quelques-uns, que l'on rapportera sans difficultés à leur thème, non sans noter que ce mot faisait frémir les gens de culture, lorsqu'à la faveur d'une rencontre, je me hasardais à l'avancer : est-ce que la poésie peut avoir un thème ? J'appris à me taire en bonne compagnie. Maintenant, cela m'est égal. Walt Whitman, Federico Garcia Lorca, Tu Fu, Mao Zedong (qu'on appelait encore Mao Tsé Toung), Adam Mickiewicz, Salvatore Quasimodo, furent parmi les étrangers qui franchissaient la barrière de la langue. Que penser de la qualité d'écoute, indéniable ? Peut-être, comme on me l'a suggéré, la solennité de l'instant transparaissait-elle dans le rite mis en œuvre par le ton et par l'éclairage. Émotion poétique ou simple politesse ? Je n'ai jamais pu trancher, car ces gens ne dévoilaient que rarement leurs sentiments. En tout cas, ils revenaient.

Pour les textes, j'usais de divers procédés, ceux d'ailleurs qui étaient couramment employés à l'époque dans les « veillées-lecture ». Le plus banal consistait à confier à plusieurs lecteurs quelques passages assez denses et assez courts. Le plus sophistiqué, élaboré par un responsable de la direction de l'éducation populaire (Jean Nazet) consistait, sous le nom de « livre vivant », à pratiquer l'adaptation d'un roman en le dramatisant, certains interprètes devenant acteurs, d'autres lecteurs ou récitants. Je fis plusieurs stages — mes « petites vacances » se passaient en stages — autour de cette technique, mais je ne me suis jamais risqué au-delà de quelques nouvelles. Je me suis cependant attaqué à Pirandello *(Nouvelles de Sicile)*, Luxin (Lou Sin), Kazimier Brandys, écrivain polonais, et même Voltaire (*Candide*, évidemment) et Diderot *(Supplément au voyage de Bougainville)*. Prévert avait la bienveillance d'avoir publié quelques textes du groupe « Octobre » déjà adaptés. *La bataille de Fontenoy* créa la stupeur, mais fit rire tout le monde, tout comme *Terror of Oklahoma*, d'Yves Robert. Cette acclimatation au burlesque, dans un milieu où la tradition était absente, fut largement préparée par des projections multiples de courts métrages de la grande époque du burlesque américain, Charlot, Mack Sennett, Buster Keaton.

Les textes lus, généralement courts, relations d'anecdotes significatives, étaient empruntés à des essais contemporains, ou à des récits de voyage, anciens ou d'actualité, souvent mis en parallèle. Claude Roy *(Clefs pour la Chine)*, Vercors *(Les tribulations d'un Français en Chine)*, Paul-Emile Victor, Frison-Roche, Roger Vailland, furent souvent mis à contribution, ainsi que Claude Farrère, Pierre Loti, Blasco-Ibanez, le Père Huc, Marco Polo, etc.

Outre l'intérêt de ces textes, et le souvenir plus ou moins vague qu'ils pouvaient laisser — on me rapportait quelquefois qu'on avait entendu tel auteur cité à la radio —, ce type de lecture publique était bénéfique pour les interprètes dont la diction, la maîtrise du corps et, surtout, le goût de la lecture, s'étaient nettement améliorés, y compris pour les anciens élèves parvenus laborieusement au certificat d'études. Lors des représentations théâtrales, malgré les maladresses de toutes sortes (le public, légèrement sadique, appréciait d'ailleurs les incidents dus à l'inexpérience), la présence en scène avait gagné en naturel et en décontraction. Loin d'être devenus des professionnels, ou même des amateurs de bon niveau, les acteurs d'occasion connaissaient leurs limites et avaient parfaitement compris que la sobriété nécessite aussi la maîtrise de soi.

Pour la fameuse fête de printemps, dont il a déjà été question, j'avais fini par résoudre le problème du répertoire. Je reconnais que ce choix a toujours été de ma responsabilité, sans autre avis que celui de ma femme qui, m'ayant suivi dans une bonne part de mes fugues parisiennes, avait parcouru le même chemin d'initiation. Ma démarche était simple : je retenais les grands auteurs, du moins ceux que j'estimais tels, et je cherchais dans leur œuvre la pièce qui me semblait d'interprétation la plus simple, et donc à éviter le ridicule des œuvres trop complexes assassinées par amateurisme. C'est ainsi que de Lorca je retins *La save-*

tière prodigieuse ; de Tchekhov, *L'ours* ; de Brecht, *Les fusils de la Mère Carrar* ; d'Anatole France, *Crainquebille* ; de Martin du Gard, *Le testament du Père Leleu*. Les farces de Molière, celles du Moyen Age fournissaient également des textes, beaucoup plus difficiles à interpréter que ne le laissait supposer la simple lecture, y compris sous la forme des « arrangements » que proposaient les maisons d'édition spécialisées.

Une fois, une seule, en une circonstance exceptionnelle, nous avons fait appel à des professionnels. Il y avait deuil dans la famille du propriétaire de la grange, et il aurait été inconvenant de faire dans les mêmes lieux la fête traditionnelle. Impossible de transporter en un autre lieu abrité, aussi vaste et aussi disponible, la fameuse estrade. Le plein air, outre ses risques météorologiques, obligeait à un autre style de représentation, et nous n'étions pas préparés. Nous avons donc, attendant une période moins froide, dressé l'estrade dans la clairière d'un bois situé à 4 km du bourg, et demandé la collaboration, en vedettes américaines, de deux duettistes, habitués d'un cabaret « Rive Gauche », et membres de la troupe du TNP (Marc et André). Nous les avions rencontrés au festival d'Avignon, et ils s'étaient intéressés à ces paysans si loin de leur base, et si insolites en ce lieu. Un ami commun avait fait le reste, et conduit les négociations financières. C'est ainsi que, par un après-midi de mai, alternant pluies et éclaircies ensoleillées, les cimes d'un bois au nom évocateur de rencontres amoureuses et clandestines furent désertées de leurs oiseaux, chassés par des voix irrespectueuses, comme on n'en entendait qu'à Paris. Le public vint en nombre, et quelques censeurs jugèrent sévèrement de cet humour grinçant, et de la légèreté avec laquelle on traitait des militaires, des prêtres, de la mort, de l'amour,... et même des enseignants. « Ils ne respectent rien », dirent-ils. Mais manifestement, une bonne partie du public n'était pas portée au respect. Il y avait décidément, chez ces petits paysans farouchement individualistes, une tentation libertaire, et une jubilation discrète à entendre les autorités ainsi gentiment brocardées. Il n'y avait pas, il faut le préciser, de quoi fouetter un chat. Mais mon passif s'alourdissait auprès de ceux qui avaient décidé au départ que j'étais un dangereux agitateur. On ne disait pas encore « gauchiste ».

Pour que le propos soit clair, il faut préciser que nos spectacles étaient inexportables, et qu'ils auraient perdu tout intérêt en quittant leur nid. Ils étaient un produit de la communauté villageoise, y compris dans ses divisions. Ils ne prenaient sens que dans la tiédeur de l'agora que représentait la fête donnée par les enfants du village. Je n'y suis jamais allé, malgré mes démangeaisons, mais, d'après mes informateurs, je suis à peu près sûr que l'agora se reconstituait lors de la fête dite « du curé », avec un léger glissement de la composition de l'assemblée, car il y avait, des deux côtés, des adversaires irréductibles. Mes fournisseurs en boissons et pâtisserie, qui fournissaient également la partie adverse, avaient remarqué devant des témoins indiscrets que la consommation par séance était quasi identique : critère infaillible. Les différences étaient sensibles sur le répertoire, ce qui n'est pas surprenant quand on compare les sources, et radicales en ce qui concerne la mise en scène et le dispositif scénique, expressions totalement ignorées, bien entendu. Il y avait bien, si j'ose dire, deux « écoles ». Comme à l'école, en définitive, nous visions l'un et l'autre — lui, le curé ; moi, l'instituteur — à former des esprits et à créer un climat de sociabilité. Lui travaillait pour la paroisse, moi pour la commune, mot qui avait, à cause de celle de 1871, son côté subversif. Cette dualité — où d'aucuns voulaient voir un duel — durait depuis le commencement du siècle. Ou peut-être, après tout, depuis le commencement des siècles. Elle n'aura pas, en tout cas, réussi à terminer le siècle : elle est morte avec la France rurale.

X

Partir...

Quand ils étaient venus me voir pour faire du théâtre, les ambassadeurs ne m'avaient pas caché ce qu'ils attendaient de moi. Le souci éducatif, comme on s'en doute, n'était pas au premier plan de leurs préoccupations. Ils voulaient trouver l'occasion de se réunir, et conclure l'année par ce qui était alors la finalité obligée de toute amicale : un voyage. Le voyage n'était certes qu'une façon de prolonger la vie conviviale, mais je décelai assez vite — d'autant plus que j'avais la même fringale — le désir de tâter en toute sécurité d'horizons nouveaux. Qu'on excuse le cynisme, mais je tenais la carotte. A condition de faire avec le voyage comme avec le cinéma ou le théâtre : le faire sortir des sentiers battus. Quels étaient alors les sentiers battus ?

Le modèle courant était le voyage scolaire, ouvert en général aux parents et anciens élèves moyennant une légère contribution. Dispositif de base : le voyage d'une journée à la mer. A quatre heures du matin, le car d'excursion attend sur la place du village. Des alentours, enfants et adultes arrivent largement en avance : à la campagne, se lever à cette heure-ci relève de la routine. Ils portent d'énormes sacs avec la nourriture de la journée, c'est-à-dire pour huit jours au moins. Bruits de voix étouffées, de voitures qui repartent après livraison et recommandations, de carrioles qui grincent. Et le car démarre, roule à travers les bois, dérangeant les lièvres et les oiseaux de nuit qui s'envolent lourdement dans la lumière des phares. Le jour se lève, le car s'anime. Vers huit heures, premier arrêt au bord de la route, pour satisfaire divers besoins, et en particulier la faim. Des paniers et des sacs sortent les provisions, charcuterie et fromage, et, pour les adultes, les bouteilles de ce vin dont j'ai déjà parlé. « Vous boirez bien un coup. » Comme tout le monde y tient, il me faudrait absorber une vingtaine de verres pour ne vexer personne. Je décline. L'arrêt a réveillé tout le monde, les meilleurs chanteurs sont sollicités : « Les yeux de maman », « La caissière du grand café », « Le chant du gardian de Camargue », etc. Les jeunes en sourdine protestent à leur manière en fredonnant des airs plus à la mode. Conflit de générations, mais on respecte les anciens en ces temps d'avant la libération des mœurs.

On arrive à la mer. Petite marche sur la plage, pantalons et robes retroussés comme jamais. Les enfants ont droit au maillot, mais pas d'aller vraiment dans l'eau. Personne ne sait nager, évidemment : il n'y a dans le village qu'un ruisseau de faible profondeur, sans plan d'eau, et de plus encombré par les herbes aquatiques. Ils pataugent, se lancent de l'eau salée, drôle de sensation. Les plus petits jouent dans le sable, sous le regard inquiet des mères. Les hommes vont dans les rochers, grattent, cherchent, disent-ils, des coquillages. Les plus avisés ont repéré un endroit modérément ombragé, à proximité de la mer. Il est temps de transporter les provisions, ce qui n'est pas rien. On s'installe pour le repas. En fait, c'est le but du voyage, ce repas inhabituel, largement arrosé. Il dure deux heures, trois heures. Il fait beau, une légère brise souffle du large, la digestion est paresseuse, mais solennelle, même si les visages sont rouges. Pas question de retourner à la plage : on ne se baigne pas après manger. Ma femme et moi, nous allons nager vers le large, à tour de rôle, et aussi discrètement que possible. Mais rien n'échappe à la vigilance, pourtant assoupie, des parents. Ils me font remarquer au retour — toujours le chemin détourné — qu'on voit bien que je suis d'un village à rivière profonde. Il est vrai que dans mon village natal, tous les enfants savent nager de bonne heure. Trait distinctif, quasi ethnologique, qui me protège : ce qui est de tradition est presque toujours pardonné. Je suis instituteur et je suis d'un village où la natation est une pratique courante, j'ai le double statut d'une fonction à part, et de membre d'une communauté dont on respecte les coutumes.

Il est temps de repartir. Les hommes dorment, les femmes chuchotent, les enfants passent par des phases alternées d'agitation (il faut les calmer), et de torpeur (il faut les faire chanter). On arrive sur la place du village à la nuit tombée. La journée est finie.

Variante : on part pour deux jours à la montagne. On embarque évidemment le double de provisions. Une inconnue, qui angoisse tout le monde : la nuit. C'est la première fois, service militaire excepté, que la plupart découchent. Quelque part sur la route, un centre d'accueil nous attend, généralement une cantine aménagée, souvent une école, puisque nous sommes au début des vacances. Pour tout dire, un dortoir. On ne se déshabille pas, presque personne ne dort, sauf ceux qui ronflent. On en parlera pendant des mois.

Le lendemain, le car va de point de vue en point de vue, et tant mieux si le point de vue est aussi un site propice au repas. Saucisson, pâté, rillettes, rôti (le cochon est de sortie), fromage, vin rouge. Je n'ai quant à moi pas de souci à me faire pour les provisions, mais il me faut une activité diplomatique intense pour satisfaire tout le monde sans risquer l'indigestion. Le retour est plus long, on rentre quand la nuit est bien avancée. Les petits titubent de sommeil, et les grands ne valent guère mieux, malgré une brève flambée d'agitation.

Variante de trois jours, Paris. Pas question d'emmener les petits, et les parents, sauf les plus jeunes, n'apprécient qu'à moitié. Pas question évidemment, sauf à l'aller et au retour, de déballer les provisions. Le repas en collectivité, plus deux nuits en centre d'accueil, c'est le bouleversement des habitudes. On visite les lieux célèbres, et tout le monde les reconnaît, car la tour Eiffel et autres splendeurs ont pénétré en images dans les villages les plus reculés. La tribu France a ses emblèmes. Avoir vu le Sacré-Cœur, en avoir monté les escaliers est un de ces privilèges dont on peut parler des années durant. Aujourd'hui, il faudrait au moins avoir vécu à Bagdad ou à Sarajevo sous les bombardements pour susciter pareil intérêt.

Au retour, notre décision est prise : nous maintenons le voyage scolaire dans son rituel, il y va du prestige de l'école laïque, car les sœurs aussi « font un voyage ». Mais pour ce qui est du voyage des jeunes, on va voir ce qu'on va voir.

XI

Partir, 2e

Plus d'enfants, plus de parents. Quelques jeunes de la famille ou de villages voisins s'ajoutent au groupe des membres actifs, histoire de remplir le car. La recette de l'année y passe en entier, la différence est payée par les jeunes. Les « invités », naturellement, paient place entière.

Pour la première sortie de ce type, Paris. Mais pas le même. Il n'y a pas, à Paris, que des points de vue. Il y a eu, avant de partir, des lectures de poèmes, d'extraits de romans, écoute de disques, vision de films (les « veillées »). Nous partions à la recherche des lieux qui ont inspiré des œuvres, ou qui en ont fourni le prétexte. Plan à la main — nous-mêmes, les guides, nous connaissons à peine Paris — nous parcourons la ville à pied.

Nous saluons au passage la rue de Buci, qui a retrouvé depuis les années sombres où Prévert parlait de sa splendeur perdue sa fierté *« d'être rue »*. Comme Thomas Muritz, arrivant à Paris, nos pas nous conduisent *« à ce point du monde où l'on embrasse à la fois, en se tournant à peine, l'Institut, le Louvre, la Cité, et les quais aux bouquins, les Tuileries, la butte latine jusqu'au Panthéon, la Seine jusqu'à la Concorde* » : le pont des Arts. C'était Vercors *(La marche à l'étoile)*, voici Zola, ou plutôt Claude Lantier, qui, accompagné de Christine, découvre « *la pointe occidentale de l'île, cette proue de navire continuellement à l'ancre, qui, dans la fuite des deux courants, regarde Paris sans jamais l'atteindre* » *(L'œuvre)*. Demain matin, de très bonne heure, nous retrouverons Zola dans « le ventre de Paris », les halles centrales, encore sous les Pavillons de Baltard, sacrifiés depuis.

Nous voici dans l'île de la Cité, que nous traversons en direction de Notre-Dame. Souvenir de Victor Hugo et de Quasimodo. Flânant par les rues de l'île Saint-Louis, havre de calme et de richesse, nous revenons à la Rive Gauche pour parcourir l'entrelacs des vieilles rues derrière le Panthéon, évoquant Jacques Becker rue de l'Estrapade, et la foule des amoureux de Paris rue Mouffetard. Nous ne savions pas qu'on appelait cette formule « Promenade littéraire ». Aujourd'hui, il n'y a plus que les étrangers pour la pratiquer. Mais nous étions des étrangers.

Que faire des musées ? On ne se pose plus guère la question, on les parcourt en groupes, ou à toute vitesse, parce qu'il y a beaucoup de choses à voir, et qu'il faut avoir tout vu. De ce côté, rien à craindre : il n'y avait personne à épater au village. En revanche, il y avait risque de saturation : songeons que ces jeunes gens n'avaient jamais vu de musée, que le musée participe d'un certain type de culture urbaine, et qu'il demande une préparation intellectuelle. Au Louvre, nous nous limitons, en visite guidée, au secteur des antiquités égyptiennes : de cette période, ils avaient entendu parler, vu des photos ;

ils connaissaient la civilisation du Nil, la continuité entre le mode de vie du paysan antique et du fellah d'aujourd'hui : inspirée de Tristan Tzara, la veillée de référence avait pour titre : « L'Égypte face à face ». Pour le reste, temps libre, errance à travers les innombrables salles, simplement pour se familiariser avec l'idée de musée. Autre visite à l'Orangerie, où se trouvaient alors les impressionnistes et les post-impressionnistes. Attention particulière portée à Cézanne, en le reliant — rien ne doit paraître isolé — à *L'œuvre* de son ami d'enfance Zola. Fini pour les musées.

Le théâtre. C'était, pour ces acteurs amateurs, le premier contact avec du vrai théâtre. La période de l'année était peu propice. Que choisir ? L'avant-garde, alors triomphante, risquait de déconcerter, le boulevard risquait à l'inverse de conforter dans une convention selon laquelle le théâtre est fait pour faire rire, ou pour faire pleurer, sans s'embarrasser de la subtilité des moyens. Étrange que cette conception soit diffuse même au plus profond de la France rurale, où l'on ne connaissait d'autre théâtre que celui de l'instituteur et du curé. Le TNP était en Avignon, la Comédie-Française n'était pas dans son répertoire classique le plus accessible. Réflexion faite, nous choisîmes un type de spectacle inattendu, le cabaret « Rive Gauche », mélange de chansons, de poèmes, de courtes scènes. Et pour le théâtre, *Les bas-fonds*, de Maxime Gorki. Il en allait du théâtre comme du musée : il fallait en connaître le chemin, en soupçonner les us et coutumes, apprécier la majesté du dispositif, sans que le premier contact aboutît au refus. Il ne restait pas beaucoup de temps pour le cinéma, mais je me souvins, en voyant qu'un cinéma affichait *L'équipée sauvage*, que les jeunes gens du village se faisaient traiter de « blousons noirs » pour peu qu'ils rechignent à quelque travail de la ferme. Faut-il dire que personne ne savait ce que c'était exactement qu'un blouson noir ? Une occasion d'aller aux sources.

J'ai gardé pour tous les voyages ultérieurs, sauf quand ils avaient un centre d'intérêt spécifique, ce schéma à la fois simpliste et en marge des pratiques courantes : la marche à pied « littéraire » ou « artistique », la visite de musée sur la base d'un nombre restreint d'œuvres marquantes, les spectacles. Premier principe : préparer autant que possible par des lectures, des films, des causeries, etc. Deuxième principe : tout relier à son environnement. Qu'on me croie ou non, ce fut toujours le troisième principe le plus difficile à appliquer : laisser du temps libre, dans la mesure de nos responsabilités envers des mineurs, c'est-à-dire, en ces années, des moins de vingt et un ans. Ils ne nous quittaient pas d'une semelle.

L'année suivante, nous prîmes le chemin d'Avignon, pour le prestigieux festival dirigé par Jean Vilar. Il y eut, le premier soir, le choc de la cour du palais des Papes. Cette année-là, on y donnait *Macbeth*. Je ne sais pas ce qu'il en est resté pour tous, mais vingt ans après, il en est qui se souvenaient de leur émotion d'alors, et des sorcières, et du fantôme, et de la forêt qui marche. Ils se souvenaient aussi du mistral qui soufflait en rafales lors d'une veillée-spectacle aux Baux-de-Provence, et qui les pénétrait jusqu'aux os sous leurs vêtements légers. Le matin, il y avait les rencontres avec des stars du moment (Gérard Philipe en personne), et l'après-midi, des découvertes de la Provence, sur les traces de Van Gogh qui rappelait les toiles vues à l'Orangerie l'année d'avant, de Prévert, dont ils connaissaient *La complainte de Vincent*, de Daudet et son moulin, et de *Crin Blanc*, alors classique des ciné-clubs, dans la

Camargue où l'on cultivait alors le riz. Du riz ! Ces fils de la terre se mettaient à poser des questions redoutables. Van Gogh, ils écoutaient humblement. Mais le riz : quand le plante-t-on, qu'est-ce que c'est que le repiquage, et vous dites bien que c'est une céréale. Alors, le battage ? Guide débordé. Mais il y a, à distance, un paysan, muet jusque-là. Il a reconnu les siens. Il explique, longuement. Trop, au gré de ceux qui ont une autre conception du tourisme. Le dialogue engagé leur passe au-dessus de la tête. Ce pourrait être une leçon d'humilité. Ce qui n'est pas leur genre. Après tout, ils sont là pour Shakespeare, pas pour écouter des culs-terreux. J'avais oublié : dans le monde des gens cultivés, la plèbe doit se faire oublier.

L'année suivante, ce fut l'Exposition universelle de Bruxelles, un tour du monde de pavillon en pavillon, des visions futuristes, des spectacles audacieux. La confirmation non formulée de la mort de tout un mode de vie.

Autant aller au bout du monde. En l'occurrence, Madrid. Proche encore, le souvenir de la guerre civile inquiétait les parents. Sans compter les minoritaires qui grognaient qu'il y avait peut-être autre part où aller que chez Franco, alors au meilleur de sa forme. Je n'étais pas ravi non plus, mais l'occasion était trop belle, et puis l'Espagne était de notre proximité, elle personnifiait à la fois la souffrance et les chatoiements de l'Orient, l'aridité austère et la force des traditions. Des clichés, bien sûr. Mais pourquoi ne pas aller les vérifier, au risque évidemment de s'enfoncer dans l'erreur ?

Les garçons étaient hébergés à l'auberge de jeunesse, sise dans la Casa de Campo, les filles... dans un couvent, non loin de là, car la mixité dans l'Espagne de ce temps était impensable. Le centre ville n'était accessible que par les transports en commun ou de longues marches à pied : il suffisait de changer de chemin à chaque trajet pour pénétrer quelque chose de l'intimité d'une cité étrangère. Ce n'étaient pas tant les monuments, d'ailleurs d'intérêt moyen, qui captaient les jeunes gens que cette sensation, dont nous avons depuis longtemps oublié l'intensité, de marcher pour la première fois dans une ville étrangère, d'avoir à déchiffrer des signes énigmatiques, et d'entendre parler une langue inconnue. Il y a un enchantement de ne pas comprendre, de se plonger dans le mystère, avec en plus la terreur de se perdre, de ne pouvoir demander son chemin. Tous les touristes d'aujourd'hui s'étonneront, mais il faut réaliser que l'espagnol le plus simple terrorisait la plupart de mes apprentis-touristes. Surtout, le fait de ne plus pouvoir s'exprimer dans leur langue les paralysait. L'avantage, relatif d'ailleurs, était qu'ils ne nous lâchaient pas.

On était allé au Louvre, il fallait aller au Prado. Avec les mêmes précautions, en s'attardant avec un peu plus d'insistance sur quelques peintres, ceux dont il avait déjà été question lors d'une veillée préparatoire : Velasquez et Goya. A travers ces deux artistes, plusieurs séquences de l'histoire de l'Espagne prenaient vie, et se raccordaient à des épisodes étudiés dans les programmes d'histoire : les règnes de Louis XIV et de Napoléon, responsable des terribles *Désastres de la guerre*. Espace et lumière chez Velasquez, forces de la nuit chez Goya. La peinture n'est pas seulement histoire.

Un autre peintre nous attendait à Tolède, escapade d'une journée, non pas pour tâter des trains espagnols, puisque depuis la frontière, nous avions pu apprécier leur confort, à dix par compartiment, mais pour reculer un peu dans l'histoire, évoquer les civilisations successives qui ont fait la ville. Ici, à l'opposé de Madrid, il y avait concentration de merveilles architecturales. Vestiges d'architecture arabe, chrétienne, mélanges des styles et des influences au point de s'y perdre. Et puis la Casa del Greco, le peintre qu'on n'oublie pas quand on a seulement vu *L'enterrement de comte d'Orgaz*, en l'église Santo Tome.

Je ne sais pas si la corrida était de grande classe, faute de compétence, mais je sais que le public valait le déplacement, la queue pour les places, et un après-midi passé en grande partie au soleil. Tout le monde plus tard a compris, en feuilletant *Toros y Toreros*, paru peu après, que Picasso était un peintre de génie. Car il faut signaler cette chose étrange que dans ce village où tous les peintres étaient inconnus, le nom de Picasso avait forcé les barrières comme représentatif de la folie des temps et de la fumisterie incurable des artistes. Le nom de Federico Garcia Lorca y était inconnu, mais ses poèmes, appris lors de la veillée préparatoire *(Chant funèbre pour Ignacio Sanchez Mejias)*, venaient à point rappeler que la corrida est autre chose qu'un divertissement de cirque : une affaire de sang et de mort, un combat où le risque est à hauteur de tragédie.

Je ne sais pas non plus si le spectacle des « sevillanas » tourbillonnantes était de qualité — le choix fut affaire de hasard —, mais il devenait difficile, après pareille démonstration, d'accorder la moindre crédibilité aux prétendues danses espagnoles, alors à la mode dans les manifestations dites « folkloriques ».

« Et les jeunes gens ? que disaient-ils de tout cela ?

— Enthousiastes, émerveillés, éblouis. Pas tellement de ce qu'ils découvraient, mais de découvrir la joie de découvrir. Trente ans après, ils s'en souviennent.

— Content de toi, hein ?

— Oui. Pour une fois. »

Aujourd'hui, rien de plus banal que Venise. En ce temps et en ce lieu, c'était une sorte de rêve inaccessible. Certains dans le village ricanaient, ou haussaient les épaules. Venise, disaient-ils, ce n'est pas pour des gens comme nous. Il vous raconte des histoires. Mais les jeunes avaient confiance. Venise ? Eh bien, ils iraient à Venise.

Ils sont allés à Venise. Le voyage en vaporetto de la gare à l'auberge de jeunesse, sur toute la longueur du Grand Canal, fut à la fois une découverte et une promesse. Un choc et une attente. Venise pour ces garçons et ces filles qui ne connaissaient que les horizons monotones des champs à l'entour du village, c'était, malgré les précédents voyages, une porte sur l'ailleurs. Je l'avais compris en voyant leur déception au sortir de la gare. Ainsi, c'était cela Venise ? Ils s'attendaient inconsciemment à se trouver en gondole dès la descente du train. Quand le vaporetto s'engagea vraiment dans la ville historique, les visages changèrent. J'ai fait depuis le tour du monde, mais cela m'attriste toujours d'entendre dire que cette ville n'est pas la plus belle ville du monde.

Nous voilà au bout du Grand Canal, face au Lido, d'un côté, au palais des Doges, de l'autre. L'auberge est une sorte de caravansérail où cohabitent pendant quelques nuits les nationalités les plus inattendues. Le contraste avec les précédents lieux d'hébergement est frappant. Les valises déposées, attendant que nous en ayons fini avec diverses formalités, les jeunes gens, comme toujours, observent ce monde étrange. Je les retrouve fascinés par le va-et-vient, et surtout le multilinguisme. L'infinie diversité du monde leur apparaît dans son déploiement maximal. Mais surtout, le préposé au bureau d'accueil — qui a manifestement une autorité sur le personnel, et n'est pas un simple fonctionnaire d'enregistrement — les stupéfie, par son aisance à passer d'une langue à une autre. Combien en parle-t-il, me soufflent-ils ? Je transmets à l'intéressé : sept. Comme je me méfie de ce chiffre, trop emblématique pour être exact, je lui demande de préciser, ce qu'il fait volontiers : italien, évidemment, anglais, français (incontestable), allemand, espagnol, arabe, grec. Pour les deux dernières, il faut le croire sur parole, mais à son aisance avec les locuteurs des cinq autres, il est sûr qu'il ne bluffe pas. Ce portier polyglotte assure, mieux que tous mes discours, la transition du village au monde.

Une semaine à sillonner Venise, à pied, en vaporetto, en barque, et même une fois — il est des conventions qui se respectent — en gondole. Très loin aux bordures de la ville, on arrive jusqu'à des maisons lépreuses, dont la base plonge dans l'eau glauque et sale. On passe par les ponts en dos d'âne, par les places minuscules, par des cheminements étroits.

Mais l'endroit où l'on revient toujours, c'est la place Saint-Marc, le palais des Doges, la Basilique. Les jeunes gens ne se lassent pas d'entendre l'histoire tumultueuse de la cité, les relations avec l'Orient, la compétition avec les autres cités italiennes. Comme tout enseignant, j'ai dû apprendre pour enseigner. Chaque soir, il faut approfondir, lire la très abondante littérature historique sur la République des Doges. Il faut parler de Marco Polo, évoquer Casanova en passant devant le pont des Soupirs, raconter l'histoire des chevaux de Saint-Marc. Parler à nouveau de Galilée présentant sa lunette au Doge comme une curiosité tandis qu'il tirait de l'observation des astres des conclusions qui devaient peser lourd dans l'histoire des sciences et de la pensée. Réveiller quelques fantômes du passé pour mieux admirer le présent.

Il y a encore les églises, la peinture, et les gros navires qui viennent mouiller presque devant l'auberge. Les enterrements sur la lagune, le défilé des barques funèbres, stupéfient autant que le portier polyglotte.

Place à la peinture, mais gare à la saturation. Canaletto, Tiepolo, évidemment. Titien, Véronèse, le Tintoret. Une autre manière d'entrer dans l'histoire, mais une manière aussi d'entrer dans la peinture.

En train, pour rompre le rapport au monde aquatique, une excursion de la journée, avec flânerie dans la très belle ville de Vérone, exemple impressionnant d'arènes antiques, et arrêt au théâtre de Vicenze. A défaut de spectacle, le cadre des spectacles d'antan.

Je ne sais pas exactement ce qu'ils ont raconté de retour au village, mais le récit a fait forte impression, encore que j'eusse quelques difficultés — enterrements, canaux, et émerveillement linguistique exceptés — à reconnaître l'origine des descriptions qui me revenaient, échappées de conversations familiales exceptionnellement animées. C'est ainsi que naissent les légendes, et c'est ainsi que le village naissait au vaste monde avant de s'y perdre.

XII

Pour prendre congé des années 50

Le chemin est long de la place de village où je pénétrais pour la première fois, entre église et mairie, dans les subtilités de la « guerre scolaire », et la place Saint-Marc, entre basilique et palais des Doges, où je guidais, avec quelque fierté d'ailleurs, ces jeunes gens qui avaient en commun, outre leur terroir d'origine, leur qualité d'anciens élèves de l'école laïque.

Est-ce à dire que je ne pensais qu'à ça ? Maintenant, je peux avouer que j'avais presque oublié la petite « école des sœurs », dont les anciennes élèves — je le savais, je savais tout — regrettaient plus ou moins ouvertement de ne pas être de ces fabuleuses expéditions. Je sais aussi que le curé ne m'avait pas oublié, ni ceux qui détestaient en l'école, pour d'obscures raisons, le symbole du savoir et de la République. En ce sens, leur instinct était plus sûr que le mien : je n'avais pas une dévotion particulière pour la République, une affaire historiquement classée à mes yeux.

Ce n'est qu'avec l'instauration de la Ve République que mes « adversaires », pratiquement silencieux jusqu'alors, commencèrent à reprendre espoir et à se manifester verbalement. Imperceptiblement d'abord, comme lors de cette histoire du *Massacre de Fort-Apache* dont j'ai parlé plus haut, de façon plus assurée quand le nouveau régime parut s'installer pour longtemps. J'eus d'ailleurs l'occasion de mesurer à quel point ils avaient raison avec le référendum de 1958, qui accorda, dans le village même, une très large majorité à la nouvelle Constitution. Il est vrai que les cartes étaient brouillées, que la peur suscitée par le coup d'État du 13 mai était encore vivace, que les partis de gauche (sauf le Parti communiste, dont l'influence était nulle ici) s'étaient ralliés, à l'exception de deux personnalités isolées dont la popularité était au plus bas dans les campagnes, Mitterrand et Mendès France. Néanmoins, cette majorité était bien réelle, et je ne pouvais m'empêcher de la prendre comme un échec personnel — ce qui est pure mégalomanie, on ne se refait pas. L'exemple en ce temps-là venait de haut.

Le temps passa, sans bouleversements majeurs. Avec l'entêtement des prophètes mal inspirés, je continuais à prédire le pire, réservant d'ailleurs mes prêches pour mes collègues qui me semblaient dangereusement résignés. Au village, la vie continuait, toujours parée, semblait-il, pour affronter l'éternité.

Et puis s'amorça le processus qui allait aboutir à la loi Debré, du nom du Premier ministre d'alors. Je fus moi-même étonné en voyant se réaliser mes prédictions : était-ce le moment, alors que la guerre d'Algérie traversait une phase particulièrement difficile, alors que la gauche non communiste semblait accepter le nouvel ordre, pour raviver la question scolaire, qui a toujours pour effet d'enflammer la

France ? Apparemment, c'était le moment, puisque la loi fut votée.

Elle porte la date du 31 décembre 1959, c'est-à-dire qu'elle clôt parfaitement la décennie. Pour moi qui avais pris le train en marche, cette décennie avait commencé en 1951 avec la loi Barangé. Je me retrouvais à nouveau dans un conflit que j'avais tenté de contourner. J'avais échappé à la grève de 1951 grâce à la protection de l'armée française, cette fois j'étais au cœur de la tourmente : à l'échelle d'un village, le mot n'est pas trop fort.

La riposte des organisations laïques se manifesta cette fois sous la forme d'une pétition nationale pour laquelle chaque militant se devait de recueillir des signatures autour de lui. Je la lus : « Protestons solennellement... Réclamons l'abrogation... Faisons le serment solennel. » Je dois avouer : ce langage me parut quelque peu en rupture par rapport à mon expérience. Mais bon ! Il fallait y aller.

Parcourir la campagne avec une pétition à faire signer était une opération sans risques, mais épuisante. Je ne parle pas des distances, de l'état des chemins, des possibilités de ne rencontrer que « la patronne », alléguant inévitablement de son incompétence, des épreuves pour l'estomac et de tous les aléas de ce genre de démarche. Certes, j'étais connu comme le loup blanc et accueilli d'autant plus à bras ouverts que je savais exactement où aller, et surtout où ne pas aller.

La difficulté était dans l'extrême méfiance des villageois à l'égard de la chose écrite. Laisser quelque part la trace de son nom relevait de l'opération de police. Et puis, on ne sait jamais. Si quelqu'un, plus tard, allait vous ressortir cette signature : les écrits restent.

On m'assurait d'abord de toute sa sympathie, ce

dont je ne doutais pas. On me jurait fidélité à l'école laïque, ce qui n'était pas difficile à démontrer, en raison de ses choix. Mais, voyez-vous, ces questions-là nous dépassent, nous qui n'avons pas d'instruction. Il me fallait expliquer, expliquer, expliquer, au point que cette loi, que je finis par connaître par cœur, m'apparut vraiment détestable. Je pris les accents d'une éloquence que la répétition rendait fluide, et la volonté de convaincre enflammée. Généralement, j'arrachais le morceau, mais pour une seule signature (il était rare que la femme signât elle aussi), je calculais ultérieurement que j'avais parcouru une dizaine de kilomètres, bu deux rasades d'eau-de-vie, et perdu une heure environ. Sur un total de 10 813 697 signatures nationales, j'eus la satisfaction d'en recueillir une bonne centaine.

Ce qui me frappa dans cette quête, c'était l'impression de revenir au point de départ. Je reconnais que le cœur n'y était pas, ce dont je me sentais vaguement coupable. Le contexte historique, lui, y était pour beaucoup : l'interminable guerre d'Algérie, commencée six ans plus tôt, se prolongeait sans espoir d'en sortir, malgré les communiqués imperturbablement triomphants diffusés par la radio (la télévision était encore confidentielle). La France vivait à l'heure mexicaine, un général étant toujours susceptible d'en cacher un autre. Alors, l'école des bonnes sœurs... Certes, comme disait de Gaulle, « notre pays ne serait pas ce qu'il est s'il n'était pas d'abord catholique ». Mais pourquoi diable le catholicisme ne pouvait-il s'accommoder de l'école laïque ?

Pour certains, plutôt rares, tout procédait de l'alliance inaltérable du sabre (de Gaulle) et du goupillon. Ceux-là auraient volontiers signé des deux mains. L'immense majorité était infiniment plus prudente. Ils pensaient tout simplement que l'école catholique était là depuis le commencement des temps, c'est-à-dire jusqu'à la fin des temps, car, dans leur philosophie, il n'y a guère de différences entre le commencement et la fin. Pour les filles, cela ne prêtait pas à conséquence. Il y en avait pour me raconter, après avoir bien vérifié que leur femme était à bonne distance, que, de leur temps, les élèves des sœurs n'étaient pas si farouches, ce qui, à leurs yeux, valait absolution. D'autres, plus subtils, affectaient de considérer les « cornettes » comme un folklore en voie de disparition, tout comme les coiffes de leurs grand-mères. « Ne vous fatiguez donc pas, disaient-ils, dans quelques années on n'en parlera plus. Les bonnes sœurs sont vieilles, il n'y a pas de relève ; les filles ne rêvent que de participer à vos fêtes et voyages. Le curé est vieux, son successeur verra les choses autrement. » D'autres enfin me disaient — gentiment — qu'ils ne voulaient pas « faire de la politique », la politique étant avec le sexe une chose inconvenante à étaler en public : école catholique et école républicaine, s'observant l'une l'autre, avaient d'ailleurs contribué de concert à ce qu'il en fût ainsi. En bref, mon meilleur moyen de persuasion — dont je n'usais évidemment pas dans mon discours — résidait dans l'image positive que l'opinion publique m'avait construite sur la base de mon activisme extra-scolaire.

Au fond de moi-même, j'avais une autre inquiétude : le lent mais inexorable dépeuplement du village. Les perspectives d'inscriptions à deux ou trois ans étaient plutôt sombres, pour les deux écoles simultanément. Les sœurs intensifiaient sans succès leur perpétuelle campagne de recrutement. En tenant compte des nouvelles dispositions de l'Éducation nationale, une classe allait être supprimée, malgré nos artifices dans la déclaration des effectifs.

Quant aux jeunes gens, ils étaient de moins en

moins nombreux. Ils ne manquaient pas une occasion de revenir au village, et faisaient des prodiges pour participer à la fête, qui ouvraient les portes du voyage. Mais c'était aller à contre-courant de l'évolution de la société française.

Nous avions dirigé, ma femme et moi, à l'encontre des habitudes ancrées, certains élèves, soit vers le cours complémentaire le plus proche, soit — innovation plus audacieuse — vers un Centre d'apprentissage. La coutume voulait que seuls les enfants exceptionnellement doués fussent incités à poursuivre des études. Il fallait néanmoins vaincre, même dans ce cas, la réticence des parents. Le problème se posait autrement avec les enfants de la moyenne bourgeoisie, mais il n'y en avait aucun au village... sauf les enfants d'instituteurs. Les fils de paysans deviendraient paysans, les fils d'artisans deviendraient artisans, les fils d'ouvriers agricoles feraient ce qu'ils pourraient, et les fils de facteurs ou employés SNCF, une fois pourvus du certificat d'études, seraient dirigés vers quelque entreprise publique ou administration. Quant aux filles, elles trouveraient bien un époux, de quelque école qu'elles viennent.

Pourvus d'un métier, en ces années où le chômage industriel était inconnu, filles et garçons n'avaient aucune difficulté à trouver un emploi en ville, y compris dans la capitale, et ne résistaient pas à l'appel d'un autre mode de vie. Il devenait en outre de plus en plus évident que les petites exploitations agricoles, sans être encore condamnées, ne pourraient plus nourrir, comme par le passé, les familles trop nombreuses. Alors, adieu, village. On t'aimait bien, et on aimait bien les chaleureuses soirées de l'amicale et les voyages au loin. Mais, vois-tu, Paris, ou tout simplement une grande ville, c'est autre chose. Là-bas, on respire l'air du large..., enfin, façon de parler : le temps n'est pas venu des lendemains qui déchantent.

Le résultat, inattendu, c'est qu'on sentait proche le moment où il n'y aurait plus au village d'anciennes élèves de l'école laïque. Quant aux anciennes élèves de l'école catholique, elles ne tarderaient pas à suivre le mouvement, avec un temps de retard, comme d'habitude. Moins de jeunes, moins d'enfants ; moins d'anciens élèves, moins d'élèves. Et bientôt plus d'école, encore que le désastre ait dépassé mes prévisions.

On ne tire pas gloire de son intuition quand elle va au-devant d'une catastrophe, mais j'avais au moins l'amère satisfaction d'avoir vu juste en tentant d'amarrer le village à l'école et l'école au village. On me dira que sur le plan démographique j'enfonçais une porte ouverte. On se souviendra que mon calcul n'était pas trivialement quantitatif, que mon projet était d'ordre éducatif au sens large, visant simultanément à consolider la communauté villageoise tout en la désenclavant. Projet totalement irréaliste, complètement déconnecté de l'évolution en cours. Ce fut ma part de rêve.

Quel rapport avec la pétition laïque ? Le lien se faisait lui aussi sur la base d'une intuition : seule l'unité de l'école aurait pu donner cohérence à cette vision d'un monde en réduction qui avait — je m'en suis rendu compte bien plus tard — toutes les caractéristiques de l'utopie au sens strict, à cette différence que l'île n'était pas organisée autour du temple, comme chez Thomas More, mais autour de la salle des fêtes comme extension de l'école. En prenant connaissance, quelques années plus tard, des études de la sociologue Violette Morin sur « l'utopie péninsulaire », je reconnus comme un perfectionnement de mes essais maladroits : l'île, on y reste, protégé du monde ; la péninsule est reliée au continent, mais à l'abri des grands courants.

L'école de Jules Ferry, dont certains — qui ne sont pas impliqués dans son fonctionnement direct — ont aujourd'hui la nostalgie, était à mi-chemin entre utopie et monastère. Une vieille chanson d'école normale présentait les élèves-maîtres à la manière de moines menant conjointement joyeuse vie et fiévreuse acquisition du savoir avant de se disperser pour apporter ailleurs « la lumière et la vérité ». L'école primaire était ce modèle en réduction : elle ne devait s'ouvrir qu'à la fin des études. J'avais, comme tant d'autres, bricolé le modèle initial, sans le subvertir. Il allait mourir en sa forteresse d'élection, le village, là où la République avait conçu son dispositif de conquête de la France profonde, la France rurale.

Je ne pouvais finalement me détacher de cette image du couple singulier que nous formions, le curé et moi. Qu'il ait systématiquement refusé de me parler — particularité de comportement due à son caractère, et, autant que j'aie pu en juger sur témoignages, assez exceptionnelle dans la région — ne faisait que mieux ressortir la situation, la polarisation symbolique qui nous dépassait l'un et l'autre, et qui venait de loin.

Deux autres personnages auraient pu nous ravir la vedette : le maire et le plus gros propriétaire terrien, avec son interminable nom à particule. Au chef-lieu de canton, nous aurions eu à compter avec la concurrence des notables, et le jeu des affrontements devenait plus complexe. Ainsi de suite : dans la capitale, les cartes se redistribuaient autrement, l'instituteur et le curé disparaissant alors comme personnages emblématiques.

C'est dans le village de mes débuts que j'avais

trouvé la situation la plus simple : le propriétaire terrien-aristocrate était en même temps le maire, et le curé était sa créature. La population, en double état de dépendance, économique et idéologique, n'avait pratiquement pas son mot à dire, et les élections avaient tout du leurre. L'instituteur était seul, chef de poste oublié en territoire hostile. C'était la France féodale, qui a survécu longtemps sous la République.

A 4 km de là, la situation était différente. Peut-être à cause de la configuration géologique, aurait dit André Siegfried. L'aristocrate n'était qu'un gros propriétaire, le maire était un petit propriétaire. L'un et l'autre n'avaient pas l'envie, ni les raisons, ni sans doute l'étoffe, d'en découdre.

L'instituteur et le curé — qui n'avaient l'un comme l'autre aucun pouvoir effectif — polarisaient, souvent à leur insu, un conflit latent de la société française. Qu'on n'aille pas croire que je me sentais investi d'une quelconque mission de prophète laïque : tout cela se passait très haut au-dessus de ma tête. Ce que j'en dis avec le recul n'est peut-être que pure complaisance, mais autant dire ce que je pense. Il me semble que ce conflit n'a pas disparu, mais dans la complexité des sociétés modernes, il est arrivé à un tel niveau d'abstraction qu'il est impossible de le projeter sur des figures emblématiques, fussent-elles illustres.

Le curé incarnait bien plus que moi la continuité de la communauté. Il avait baptisé plus de la moitié de la commune, béni tous les mariages, assuré toutes les premières communions. Tout le monde savait qu'il mourrait là, et tout le monde pensait que son successeur aussi serait là à vie (en quoi tout le monde se trompait, mais l'idée même d'un curé pour plusieurs paroisses n'effleurait personne). Mes lointains prédécesseurs avaient aussi incarné une telle continuité, mais ce temps-là était passé. On me disait quelquefois, avant même que je me fusse posé la question : « On sait bien que vous ne resterez pas. » Le curé, lui, se devait de rester.

Surtout, il incarnait la religion. Lui, au moins, avait une explication pour les mystères qui dépassaient tout le monde. Il parlait de Dieu avec familiarité, et on pensait vaguement qu'il fallait entretenir de bons rapports avec cet intermédiaire bien introduit. Personne, pas même les esprits forts, ne pouvait se permettre de passer outre aux sacrements qui ponctuent l'existence entre baptême et extrême-onction. La plupart des instituteurs, je dois dire, d'une manière ou d'une autre, en passaient par là. Pour tout le monde, la ligne à suivre était simple : « On ne sait jamais. » Ceci me rappelait la plus longue discussion métaphysique que j'ai entendue entre mes parents. Elle durait environ trente secondes, mais revenait de façon récurrente :

Ma mère : « Il a bien fallu quelqu'un pour créer tout ça » (entendez : les arbres, les montagnes, les hommes, les insectes, etc.).

Mon père : « S'il y avait quelqu'un, il ne permettrait pas tout ça » (entendez : les guerres, les famines, les maladies, etc.).

Donc, le curé avait cette double fonction d'assurer le lien communautaire et la correspondance pour l'au-delà.

L'instituteur, le seul personnage de la commune à pouvoir se dispenser de sacrements sans susciter la vague réprobation réservée aux apostats, détenait quant à lui les clés d'accès au savoir, à « l'instruction », comme on disait alors. Les rapports à « l'instruction » n'allaient pas sans ambiguïté. On la respectait, à coup sûr, mais on s'en méfiait, car elle permettait de manipuler les choses mystérieuses qui ont rapport au droit, au commerce, et, de plus en plus, à l'agriculture. D'où ce rôle d'écrivain public ou de conseiller temporaire dont j'ai déjà parlé, mais en très nette régression au cours des années 50, sans doute en raison de l'apparition d'émissaires de divers services départementaux jusque-là en sommeil, et peut-être aussi à cause du processus de modernisation de l'habitat qui faisait surgir de partout des représentants pourvus de catalogues de plus en plus attractifs. « L'instruction », malgré tout, c'était l'avenir des enfants, surtout qu'il devenait évident que la petite exploitation allait nécessiter une main-d'œuvre réduite, mais, plus encore, maintenant que la ville exerçait ici l'attraction qu'elle avait exercée depuis longtemps ailleurs.

Il allait falloir désormais s'aventurer dans ce monde inconnu qui commençait au-delà des limites du canton, ou du moins compter avec lui. Les nouvelles de la planète commençaient à affluer et à prendre un sens. La guerre d'Algérie, et cette guerre froide qui menaçait de finir dans l'embrasement, ne concernaient plus seulement des populations lointaines. La Seconde Guerre mondiale, encore toute fraîche dans les souvenirs, avait servi de leçon.

Qui était supposé répondre à ces mystères, presque aussi troublants que ceux de l'au-delà, et en tout cas plus immédiats ? Le modeste représentant local du savoir, qui pouvait conseiller les formes d'immigration les plus acceptables, et accessoirement, sinon expliquer la complexité du monde, du moins en entrouvrir les portes. Mes lointains prédécesseurs se réfugiaient derrière l'autorité et l'universalité de la science — tout était dans les manuels ; je m'étais donné comme alibi (?) la complexité du monde. Dans les deux cas, c'était une clé sur ailleurs. Moins loin que mon « rival » — qui voyait vraiment loin — mais

« ailleurs » tout de même. Il était la tradition, et moi l'aventure. Du moins savait-il où il restait, alors que je ne savais pas où j'allais.

Les deux territoires étaient-ils inconciliables ? Je crois qu'ils auraient pu cohabiter paisiblement, comme des univers parallèles de la science-fiction. Je n'avais aucune vocation, ni aucune envie, d'intervenir sur l'au-delà, et la cohésion de la paroisse n'était pas contraire à la conduite des affaires communales. Avait-il vocation pour dispenser le savoir terrestre, et conseiller les parents sur l'orientation professionnelle de leurs enfants ? Il semblait penser que oui. Le lieu de friction, de rencontre obligée, de choc de la matière et de l'antimatière, c'était évidemment l'école catholique. Indépendamment de nos personnalités propres, nous agissions selon des consignes différentes, et la différence était particulièrement sensible s'agissant des filles.

J'étais pour ma part accusé de mêler filles et garçons lors des répétitions et lors des sorties. Il est vrai que je ne me préoccupais pas outre mesure de ce qui se passait hors des périodes d'activités. La majorité étant alors à vingt et un ans, la vertu des jeunes filles (on ne s'occupe jamais de celle des garçons) était de ma responsabilité théorique. Je reconnais que je ne m'en suis jamais soucié. Que faisaient-elles, que faisaient-ils le soir après les veillées, ou à Venise au bord de la lagune quand les gondoliers chantaient au clair de lune ? Eh bien, je n'en ai jamais rien su, sauf par quelque indiscrétion dont je ne me souciais pas autrement.

Le problème était plus grave au niveau scolaire, qui concernait plus précisément ma femme, puisque les écoles, en ce temps, n'étaient pas mixtes. Son souci était — j'allais écrire « évidemment », mais c'est bien ce qu'on lui reprochait — de leur fournir les moyens d'une émancipation, c'est-à-dire d'un métier. Nous étions en effet d'une génération pour laquelle « femme au foyer » signifiait « servitude ». Il n'était pas facile pour autant, à la campagne, hors des filières traditionnelles de recrutement de la main-d'œuvre féminine, qui signifiaient d'ailleurs, dans certaines industries, une autre forme de servitude, de proposer un apprentissage (on ne disait pas encore une « formation »), couture exceptée. Le reste — dactylographie, coiffure, PTT ou administrations diverses — valait perdition, tout au plus attente du mariage, et attente périlleuse. Autrement dit, inciter les filles à choisir un métier devenait une affaire de morale. L'éducation, en effet, ne se borne pas à inculquer les connaissances de base, comme le préconise la vulgate quelque trente ans plus tard.

C'était alors la position des écoles catholiques rurales au cours des années 50. L'éducation féminine se devait de s'en tenir là, pour préserver l'équilibre de la famille. J'ajoute, sans esprit de polémique, que le savoir des enseignantes d'alors ne pouvait guère ambitionner davantage.

Ce qui nous séparait en définitive, le curé et nous, c'était l'école, et non la religion. Ce n'est pas par hasard si l'éducation a été par la suite à l'origine de crises majeures de la société française, et si elle demeure le seul enjeu capable de faire descendre des centaines de milliers de personnes dans la rue hors de toute motivation catégorielle.

Le village a disparu, l'enjeu a survécu. Les vieilles lunes ont la vie dure.

Épilogue

LA DERNIÈRE VEILLÉE

Octobre-novembre 1992 : Rencontres de 3e âge

Il a passé beaucoup d'eau sous le vieux pont en bas du village depuis ce temps lointain, et encore beaucoup sous le nouveau pont qui évite désormais aux automobiles les caprices dangereux de la très vieille route. Sauf en de rares circonstances, et toujours pour une raison précise, nous n'étions jamais revenus en ce lieu chargé de trop de souvenirs. Nous l'avions quitté à l'orée des années 60, alors que les premiers signes de l'agonie du village se faisaient sentir. Déjà nous savions que notre aventure était condamnée. Elle aurait pu toutefois durer encore trois ou quatre ans, si une proposition imprévue ne s'était présentée.

Ma fréquentation assidue des stages de cinéma, le succès de notre entreprise, la compétence acquise au cours de ces années d'activité culturelle dans un milieu réputé peu favorable, avaient attiré l'attention. Je me devrais ici d'être modeste, mais ce n'était pas si courant à l'époque de faire le plein d'une salle de campagne avec *Les raisins de la colère* ou *Le cuirassé Potemkine*, ou d'emmener de jeunes ruraux vers l'Espagne ou l'Italie. Y étions-nous vraiment pour quelque chose, ou le terrain était-il à ce point favorable que tout le reste allait de soi ? Aujourd'hui encore, nous n'en savons rien. Mais qu'importe.

Ayant réussi au niveau d'un village présentant tous

les signes de la ruralité moyenne, il était évident que je dusse réussir à un plus haut niveau de responsabilité. Le cinéma était devenu ma passion tardive, il allait devenir l'instrument de ma promotion tout aussi tardive. C'est ainsi que d'instituteur-animateur d'un village de 729 habitants, il me fut donné de devenir l'un des responsables nationaux d'une association de ciné-clubs implantés essentiellement en milieu rural ayant, comme de bien entendu, son siège à Paris.

Il m'a fallu longtemps, très longtemps, pour réaliser que ces dix années avaient à mon insu programmé mon parcours ultérieur, et orienté ma relation au monde. Si je n'avais pas été de ce milieu-là, je n'en aurais sans doute pas tiré le même profit, mais je n'ai jamais pu par la suite, quelles qu'aient été les circonstances, me défaire du langage et des manières d'une certaine France rurale. Heureusement, je ne m'en suis pas rendu compte, ce qui m'a épargné la tentation de plastronner sur le « concret », le « terrain », le « réel », termes dont on raffole quand on a poussé en milieu protégé. J'ai cru à la rupture, et je l'ai sournoisement encouragée. Dans l'effervescence du Paris des années 60, je n'ai rien regretté, et j'ai effacé de ma mémoire les années 50 qui maintenant remontent.

Et me voilà de retour, le temps d'un passage, sur ce qui fut le lieu de mes universités. Sur le chemin, je traverse des villages souvent traversés, et j'essaie d'y lire les signes de leur présent. Je n'ai pas de peine à les déchiffrer. Maisons fermées, aux volets de guingois, aux façades en voie de délabrement clament tristement que beaucoup sont partis. Indices pathétiques d'une volonté de survie, des pancartes récentes indiquent la direction d'un « plan d'eau », d'un « espace de loisirs », d'un camping, toutes choses aménagées dans l'attente des citadins en vacances, dont on espère monnayer le désir d'air pur et de contact avec la nature. Tel village a aménagé en « sentiers de randonnée » les parcours où cheminaient jadis les carrioles ou les chèvres, tel autre a réhabilité une façade romane ou un simple chapiteau désormais pourvus d'un projecteur, tel autre encore a sorti de l'oubli un sarcophage mérovingien en le plaçant en évidence au milieu d'une pelouse. De temps en temps, un hôtel, ou plus souvent un restaurant, visiblement prospère, accueille en fin de semaine, grâce à des « spécialités régionales » inconnues de mes grand-mères, des citadins à la recherche d'une « bonne table dans un cadre attrayant », comme récite le panneau bien en vue à l'entrée du village. Tout n'est pas mort cependant : à cette époque des semailles, de rugissantes machines parcourent la plaine à la vitesse des blindés dans le désert. Il est loin, le geste auguste du semeur. Si loin que je n'en ai que de vagues souvenirs d'enfance, et que les machines rustiques qu'il fallait sortir de la grange font elles-mêmes figures d'antiquités. C'était il y a presque quarante ans...

De l'extérieur, les villages ont si peu changé que le passé nous submerge. Un instant, il est là, et l'illusion de la jeunesse retrouvée. Le village de nos débuts est le même, fossilisé comme pour l'éternité. L'école est devenue une ferme, ce qui est un tour de force dans une région où tant de fermes sont à l'abandon. Les sapins sont toujours là, et l'église, et la mairie, et la salle des fêtes. L'épicerie aligne toujours ses quelques boîtes de conserves, la pompe à essence s'est simplement modernisée, et le café-tabac survit, seul lieu sans doute à maintenir quelque animation à la tombée du jour. La rue est déserte, comme elle l'était autrefois. Si un de nos anciens élèves passait par là — nous avons le souvenir de chaque visage — nous ne le reconnaîtrions pas dans la vigueur de la cinquantaine, et il ne nous reconnaîtrait pas. Après tout, nous n'avons fait que passer.

Dix minutes d'une route désormais goudronnée, et nous voici dans le second village. A l'entrée, l'école de filles attenante à notre ancien logement. Apparemment, c'est comme autrefois. Mais nous savons qu'il n'y a plus d'école, que l'ensemble est désormais habité par l'un de nos successeurs qui a racheté le tout lors de la fermeture du groupe scolaire.

Au centre du village, quelques innovations : une nouvelle mairie, un petit lotissement. A ces détails près, le bourg est comme pétrifié. L'école que j'ai inaugurée il y a environ trente-cinq ans est calme comme un jeudi d'autrefois, prête, dirait-on, à s'éveiller le lendemain matin.

Nous commençons, avec appréhension, de frapper aux portes de ceux qui furent naguère nos meilleurs soutiens. On ne nous reconnaît pas tout de suite : il y a trente ans que nous sommes partis. Trente ans qui s'envolent en deux minutes. On nous reçoit comme si c'était d'hier. Les intérieurs ont changé, une partie de la grande salle d'antan est devenue salon, avec fauteuils confortables disposés devant la télévision dont c'est maintenant le règne sans partage. Mais c'est autour de la table, depuis toujours, qu'on reçoit les visiteurs. Le vin rouge est de meilleure qualité, les cerises à l'eau-de-vie ont toujours la faveur. Et puis, si l'on veut — et, à moi, le maître des lieux fait un clin d'œil : suis-je assez gâté par la ville pour vouloir une chose pareille — il y a des jus de fruits. Du café, et même du thé, un produit autrefois réservé aux aristocrates en mal d'exotisme.

Nous connaissions les mauvaises nouvelles, par un contact épistolaire maintenu avec la « jeune fille » (elle a maintenant plus de cinquante ans) qui s'occupait de nos enfants lorsque nous étions hors de la maison, ce qui était fréquent. Morts, suicides, accidents, maladies : le tribut dans le village est le même qu'ailleurs.

La commune n'est plus que le fantôme d'elle-même. Plus d'école, évidemment, ni catholique, ni laïque : on « ramasse » les enfants chaque matin, ce qui fait au moins vivre les entreprises de transport. Mais elles ne sont pas d'ici. Les trains ne s'arrêtent plus en gare, et le maintien de l'agence postale qui a remplacé la poste reste le dernier combat. Le plus invraisemblable est la fermeture, qu'on espère provisoire, du dernier café. Un village sans bistrot : qui aurait pu prévoir pareil malaise dans la civilisation ?

L'école, qui n'a pas changé extérieurement, a changé de destination, et radicalement : elle abrite l'inévitable club du troisième âge, l'activité la plus florissante des campagnes françaises. Je n'ai pas le courage d'aller voir comment elle supporte cette métamorphose. Ceux de mes anciens élèves qui sont toujours là — il en reste quelques-uns — vont très bientôt pouvoir retourner à l'école, définitivement assagis en leur troisième âge.

De quoi parle-t-on avec les anciens « maîtres » dans cette ambiance crépusculaire ? Du temps passé, évidemment, de cette fièvre des jours de fête, des séances de cinéma, des voyages « lointains » (pour eux, ils l'étaient), de toute cette préhistoire de la télévision. Regrettent-ils ? Comme on regrette sa jeunesse, avec une pointe de nostalgie pour ces moments de rencontre où il faisait bon être ensemble. Désormais, chacun vit chez soi, avec plus de confort, et cette télévision adorée et dénigrée, point focal du cercle de fauteuils, vides quand elle est éteinte.

Ceux qui ont gardé les souvenirs les plus ancrés sont les « jeunes », c'est-à-dire ceux qui étaient jeunes dans les années 50. Nous sommes même étonnés de la vivacité de leur souvenir : certains nous reconnaissent au premier coup d'œil, ce qui est méritoire si on évalue objectivement les ravages du temps. Rares sont ceux qui habitent ici, mais ils y reviennent fréquemment, en fin de semaine quand ils habitent le département. C'est ainsi désormais que se consomme la campagne. Du moins celle-là, à ce point dépourvue de pittoresque qu'elle ne peut attirer les citadins en vacances. Ainsi, on reste entre soi, le temps d'un dimanche, maintenant la fiction de la communauté moribonde.

Cette impression de ne pas avoir été oubliés, et d'avoir laissé comme souvenirs les plus durables les activités qui nous tenaient le plus à cœur, est plutôt émouvante, et, pourquoi ne pas le dire, gratifiante. Curieusement, à nous qui avons tant de questions à poser, on nous pose des questions. Que sommes-nous devenus, après ? Après les avoir abandonnés, pensent-ils. Notre destin parisien les intrigue. Ils imaginent une sorte d'ascension fulgurante. Il faut tempérer, revenir au niveau plus modeste de la réalité, sans trop décevoir. Ils savaient, je ne sais trop comment, que j'étais « dans le cinéma ». Je ne sais pas s'ils savaient qu'il y a bien des façons d'y être, et qu'un responsable de ciné-clubs, fût-il national, est aux marges les plus obscures du système.

Il nous fallait revenir au sujet : eux. Comment avaient-ils vécu cette agonie lente de la commune, ce vieillissement de la population, la transformation radicale de l'exploitation des terres ? Les petites propriétés d'antan avaient vécu. Désormais, ne subsistaient plus que de vastes exploitations utilisant le minimum de main-d'œuvre. La grange où l'on joua Tchekhov, Molière, Brecht, Lorca, Labiche, est retournée à son usage dominant, mais s'il fallait la vider aujourd'hui, ce serait du matériel le plus moderne. Une nuit, sous une pluie battante, nous avons aperçu de la route des tracteurs, tous phares allumés, faisant des allers-retours dans des champs immenses, comme dans un film soviétique à la gloire des kolkhozes des années 50. Autrefois, en ce même endroit capricieusement morcelé, il aurait fallu évoquer Breughel. Le progrès...

J'essaie d'amener la conversation, en passant, sur l'antique conflit des écoles. Personne ne semble s'en souvenir. On évoque, avec des sourires complices, le vieux curé irascible, dont la personnalité a tout de même marqué. Mais il est mort depuis longtemps, et fait simplement partie des souvenirs communs. On parle de « son » théâtre (à cause du mien), pas de « son » école. C'est comme si les sœurs s'étaient évanouies. Ont-elles existé, ou ces fantômes étaient-ils de mes fantasmes ? Je les ai sans doute inventées. Au fait : je ne les ai jamais vues, sinon de loin, et de profil, et une bonne sœur de profil, en ce temps-là...

Évoquant les événements au fil des années, quelqu'un évoque 1984, la loi Savary, les manifestations monstres, le changement de gouvernement :

« On a pensé à vous, me dit-il avec quelque malice. Aux pétitions, aux manifestations, à tout ça. On s'est dit que vous auriez "fait" un car. »

« Faire un car » signifiait alors emmener au lieu de manifestation le plus proche les manifestants disponibles. Tout le monde écoutait sagement les orateurs, et puis revenait. La présence était en soi une façon de s'exprimer. Pancartes et slogans n'étaient pas le genre des gens d'ici. Je rappelle les dernières manifestations d'agriculteurs : qu'en pensent-ils, eux qui n'aimaient pas les « excités » ? Moment de gêne.

« On est à bout, me dit l'un. Ici, déjà, il n'y a plus personne, même les paysans sont ailleurs. Il en faut pourtant bien. C'est comme si on voulait nous supprimer. »

Je ne dis rien, mais je pense, parce que c'est à ça qu'ils pensent avec d'autres mots : une disparition programmée. Pouvait-on lutter contre cela ? N'était-ce pas inéluctable ?

« Au fond, dit un autre, tout a commencé avec la disparition de l'école. Tout s'est effiloché depuis. Nous sommes d'un autre temps. Je n'ai jamais été des "leurs", mais je finis par regretter. Il y avait "eux", il y avait vous, et c'était la vie. »

Mes souvenirs remontent : on disait toujours « les curés », rarement « le curé ».

Je retrouve ma fonction ancienne de pilier symbolique. Mais ce ne sont pas les piliers qui ont cédé, c'est l'édifice tout entier qui s'est effondré. La crise de 1984 a laissé ici tout le monde à peu près indifférent, bien qu'on y ait retrouvé comme un parfum d'autrefois. Il n'y avait plus d'école au village, la laïcité était devenue une affaire de citadins. Je risque :

« Selon vous, dis-je, vraiment curieux, qui a déplacé tout ce monde ? On a dit qu'ils étaient un million à Versailles, ce n'est pas rien.

— Les curés, répond tout de suite un de mes interlocuteurs, que je sais être, de tradition familiale, un anticlérical convaincu. Il n'y a plus rien à tirer de nous, alors il leur faut conquérir la ville.

— Toi, tu les vois partout, riposte un autre. »

L'un de mes anciens élèves, qui vit maintenant en ville, et qui est revenu au village le temps d'un dépôt de gerbe sur la tombe de ses parents (il en est peu qui manquent d'observer cette coutume au début de novembre), reste silencieux. Je soupçonne un malaise.

« Et toi, qu'en penses-tu ?

— Je ne sais pas trop. J'ai eu quelques difficultés avec mon aîné. Bien sûr, ce n'était pas forcément la faute de son instituteur, mais j'ai eu l'impression qu'il était livré à lui-même, qu'il n'était pas "tenu" (Je reconnais le mot : un instituteur devait savoir "tenir" ses élèves, c'est-à-dire les soumettre à une discipline rigoureuse). Je me suis demandé quoi faire. Un voisin m'a suggéré de faire comme lui : mettre le garçon chez les frères...

— Tu as pensé faire ça, s'étrangle l'irréductible, par ailleurs son oncle. C'est ta femme qui t'a monté la tête. C'est une brave fille, mais elle sort quand même de chez les bonnes sœurs.

— Justement, c'est elle qui n'a pas voulu. Elle a gardé de trop mauvais souvenirs. Et puis l'usine a fermé, on a déménagé, et tout s'est arrangé...

— Mon petit-neveu chez les curés ! gémit l'oncle, comme déshonoré. Nom de dieu de nom de dieu. »

Ça, c'est pour l'exorcisme.

« Écoute, tonton, je t'assure que les curés ne sont plus comme de ton temps. D'abord, ce ne sont même plus des curés qui enseignent. Et puis, tu peux demander à être dispensé de cours de religion...

— Les curés sont les curés, tranche l'irascible ancêtre. »

J'essaie de tempérer. Cette crise de 1984 a mis au jour de nouvelles mentalités. L'Éducation nationale est une lourde machine. Les parents veulent avoir leur mot à dire, pouvoir choisir leur école...

« Qu'est-ce qu'ils y connaissent ?

— On voit bien quand ça va pas, proteste le neveu. »

Décidément, la laïcité n'a plus la belle simplicité d'antan. Je l'avais presque oubliée pendant les années 60 et 70 : en 1968, qui aurait osé parler de laïcité ? On la respirait, mais on ne songe pas à analyser l'air à chaque inspiration. C'est quand il vient à manquer qu'on tente d'en retrouver la source.

Je continue de m'informer. J'apprends ainsi que l'ancien maire du village de mes débuts, tout à côté, celui-là même qui veillait tant à l'identité chrétienne de sa commune, vieillard encore robuste, mais désormais sans pouvoir, est militant du Front national. Son fils, candidat sous la même étiquette au Conseil général, fait campagne sur les thèmes habituels de son parti. Étrange : personne ne connaît un seul immigré dans le canton. A quelques nouveaux habitants près — qui n'en sont pas vraiment parce que, hors de leur maison, ils vivent ailleurs — tout le monde peut remonter à plusieurs générations en arrière. Quand quelqu'un dit que son grand-père n'était « pas d'ici », cela peut vouloir dire qu'il vient d'un autre village, au plus à une trentaine de kilomètres. On en a même vu du département voisin, qui commence à 10 km de là ! En quelque sorte, un immigré... Mais on ne parle guère des immigrés. Tout au plus, des « Arabes ».

Pourtant, il n'en est guère passé dans la région depuis Charles Martel. Quelques anciens d'Algérie en ont rencontré, en des circonstances particulièrement défavorables. Désormais, pour tout le monde, ils vivent dans « les banlieues ». Personnage fantasmatique, l'Arabe de l'imaginaire oscille entre le moudjahidin, ou fedayin algérien ou palestinien, et l'adolescent équivoque à qui la télévision donne de temps en temps la parole, par exemple après quelque flambée de violence. Cette invasion qui vient de tellement loin, et qu'on ne voit pas en direct, suscite des peurs étranges.

Il y a, à l'époque de cette conversation, trois ans que la fameuse affaire dite « des foulards » a occupé pendant plusieurs jours la presse et la télévision. Qu'elle ait suscité ici un intérêt, qu'on s'en souvienne si longtemps après, est bien le signe que les temps ont changé. La guerre du Golfe, la chute du Mur de Berlin, l'Europe sont restés des événements lointains, la routine de l'histoire, rien qui soit de nature à accélérer ou à ralentir le déclin de ce petit coin de terre. Alors, pourquoi ? Le rapport avec la laïcité n'est évident pour personne. Je sens pourtant que là est le lien ténu qui rattache le présent au passé, et peut-être explique la continuité : pour moi, l'école laïque est ce lieu d'où on n'exclut sous aucun prétexte. Qui a vécu une école de village avec concurrence sait cela.

« Mais quel rapport avec l'école des bonnes sœurs ? hasarde quelqu'un.

— En général, les filles de famille musulmane réussissent mieux les études que les garçons, sans doute parce qu'elles voient dans la réussite scolaire un moyen de rompre avec l'atmosphère familiale contraignante. Les islamistes voient cela d'un mauvais œil, et souhaitent fonder des écoles confessionnelles de filles où le contrôle sera plus facile. Il leur restait à démontrer que l'école laïque refusait d'accepter les bonnes musulmanes. Rappelez-vous que les écoles catholiques, dans les campagnes, étaient essentiellement des écoles de filles.

— Mais que faire ?

— Tout pour éviter la publicité. Le travail de persuasion et d'explication est un travail de l'ombre, incompatible avec tout ce remue-ménage. A l'école laïque, on accepte tout le monde et on explique.

— Finalement, ils les ont eues, leurs écoles ?

— Pour l'instant, non. Paradoxe, ce sont les écoles catholiques qui commencent à accueillir les musulmanes voilées.

— Je l'aurais parié, dit le vieil anticlérical. Les curés sont partout les mêmes, les chrétiens, les juifs, les musulmans. C'est par les femmes qu'ils nous tiennent...

— Tu as bien été content de les trouver, les femmes... »

C'est la sienne qui vient d'intervenir, aux éclats de rire des présents. La conversation dérive sur autre chose, facile à prévoir. Elle sera plus animée, et moins aisée à rapporter. Je retrouve l'atmosphère des veillées d'antan. La dernière.

Nous remercions pour leur relecture et leur avis Yves Lacroix, Jean-Marie et Marie-Thérèse Pevsner, Edgar Morin, Jean Baubérot, Francine Best et Agnès Guy.

Panoramiques : la revue

Fondée en 1991 par Guy Hennebelle et Monique Martineau, *Panoramiques* est une revue trimestrielle qui, avec des auteurs aux opinions variées, fait le point sur des questions politiques de fond ou des sujets de société, sous la direction d'un maître d'œuvre.

Ont paru à ce jour :

— N° 1 : **Islam, France et laïcité, une nouvelle donne ?** (Guy Gauthier)

— N° 2 : **Les religions au lycée : le loup dans la bergerie ?** (Guy Gauthier)

— N° 3 : **Les malaises franco-arabes, de A jusque Z** (Zakya Daoud)

— N° 4 : **Le trou noir du communisme. Après le naufrage** (Paul Noirot)

— N° 5 : **Le tribalisme planétaire**. Tour du monde des situations ethniques dans 160 pays (Guy Hennebelle, préface d'Albert Memmi)

— N° 6 : **Bizutages** (Marie-Odile Dupé)

— N° 7 : **Juifs laïques** (Izio Rosenman)

— N° 8 : **Finalement, pillons-nous vraiment le tiers monde ?** (Sophie Bessis)

— N° 9 : **Chômage, pauvreté, exclusions : et si le capitalisme venait, lui aussi, à imploser ?** (Paul Noirot)

— N° 10 : **Les années de l'utopie.** Bilan critique des idées sages et folles des décennies 60 et 70 (Guy Hennebelle)

— N° 11 : **Mon Dieu, pourquoi tous ces interdits ?** Judaïsme, christianisme, islam, etc. (Charles Conte)

— N° 12 : **Banlieues. Intégration ou explosion ?** (Catherine Wihtol de Wenden et Zakya Daoud)

— N° 13 : **Le spectre de la déchirure sociale et politique** (Paul Noirot). Coédition avec *Hommes et libertés.*

— N° 14 : **Est : ces immigrés qui viendraient du froid...** (Anne de Tinguy et Catherine Wihtol de Wenden)

— N° 15 : **Et alors l'ONU ?** (Nils Andersson)

— N° 16 : **Jeunesses d'en France** (Régine Boyer et Charles Coridian)

Panoramiques : la collection

A côté de la revue, *Panoramiques* publie désormais, en parallèle, une collection de livres sur des sujets politiques ou des phénomènes de société ou de culture, au sens le plus large des termes.

Comme la revue, elle se veut à la croisée de mouvances variées : elle n'aura pas d'orientation univoque.

Pour animer cette collection et réunir des tapuscrits, un **comité de proposition** a été créé.

En font partie Marie-Claire Amblard, Nils Andersson, Marie-Noëlle Auberger, Mouny Berrah, François Boespflug, Philippe Boitel, Robert Boure, Jackie Buet, Henri Caillavet, Charles Conte, Malek Chebel, Guy Coq, Béatrice Cormier-Rodier, Bernard Defrance, Anne de Tinguy, Philippe Dewitte, Marie-Odile Dupé, Michel Duvigneau, Michel Euvrard, Béatrice Fleury-Vilatte, Emmanuel Gabey, Guy Georges, Annie Goldmann, Pierre Guibbert, Agnès Guy, Daniel Junqua, Jacques Hassoun, Alain Lefebvre, Albert Memmi, Hélène Michelini, Paul Noirot, Myriam Tsikounas, Michel Serceau, Jean Verrier, Catherine Wihtol de Wenden, Paul Willemen.

Achevé d'imprimer par Corlet, Imprimeur, S.A. — 14110 Condé-sur-Noireau (France)
N° d'Imprimeur : 4198 - Dépôt légal : octobre 1994 — *Imprimé en C.E.E.*